Questo volume è pubblicato in occasione della mostra realizzata e organizzata per la XXXII edizione del Meeting per l'amicizia fra i popoli

150 Anni di Sussidiarietà.
Le forze che cambiano la storia sono le stesse che cambiano il cuore dell'uomo

1861 > 2011 > >
150° anniversario Unità d'Italia

L'evento rientra nel calendario nazionale delle iniziative per le celebrazioni del 150° anniversario dell'unità d'Italia che hanno ottenuto la concessione del logo ufficiale

A cura
della Fondazione per la Sussidiarietà

Comitato scientifico
Luca Antonini, Maria Bocci, Edoardo Bressan, Marta Cartabia, Gianluigi Da Rold, Michele Rosboch, Giulio Sapelli, Andrea Simoncini, Vincenzo Tondi della Mura, Gian Luigi Trezzi, Giuseppe Verde, Lorenza Violini, Giorgio Vittadini, Danilo Zardin.

In collaborazione con un gruppo di studenti universitari

Progetto Grafico
Davide Cestari, Maria Serra

Stampa
Immaginazione Srl

Video
Marco Civinelli, Limina

Progetto
Maurizio Bellucci

Allestimento
Studenti della Facoltà di Architettura di Milano

Luci
Gianfranco Branca

Impianti Tecnologici
Sound D Light srl

Catalogo
Piccola Casa Editrice

Noleggio della mostra
Meeting Mostre
info@meetingmostre.com
www.meetingmostre.com

Con il sostegno di INTESA SANPAOLO

ESSELUNGA

EURONICS
IL CLIENTE È NEL SUO REGNO

«Il Cristianesimo ha contribuito in maniera fondamentale alla costruzione dell'identità italiana attraverso l'opera della Chiesa, delle sue istituzioni educative e assistenziali, fissando modelli di comportamento, configurazioni istituzionali, rapporti sociali; ma anche mediante una ricchissima attività artistica.
La comunità politica unitaria nascente a conclusione del ciclo risorgimentale ha avuto, in definitiva, come collante che teneva unite le pur sussistenti diversità locali, proprio la preesistente identità nazionale, al cui modellamento il cristianesimo e la Chiesa hanno dato un contributo fondamentale».

«La molteplicità dei soggetti, delle situazioni, non è in contraddizione con l'unità della Nazione. Unità e pluralità sono, a diversi livelli, due valori che si arricchiscono mutuamente, se vengono tenuti nel giusto e reciproco equilibrio. Due principi che consentono questa armonica compresenza tra unità e pluralità sono quelli di sussidiarietà e di solidarietà, tipici dell'insegnamento sociale della Chiesa. Tale dottrina sociale ha come oggetto verità che non appartengono solo al patrimonio del credente, ma sono razionalmente accessibili da ogni persona»

Benedetto XVI

«Non lasciamoci paralizzare dall'orrore della retorica: per evitarla è sufficiente affidarsi alla luminosa evidenza dei fatti. Nella nostra storia e nella nostra visione, la parola unità si sposa con altre: pluralità, diversità, solidarietà, sussidiarietà. Reggeremo alle prove che ci attendono, come abbiamo fatto in momenti cruciali del passato, perché disponiamo anche oggi di grandi riserve di risorse umane e morali. Convinciamoci tutti, nel profondo, che questa è ormai la condizione della salvezza comune, del comune progresso»

Giorgio Napolitano

INTRODUZIONE

Il racconto dei 150 anni di sussidiarietà contenuto in questo libro è una storia dell'Italia che raramente viene raccontata: quella fatta dall'iniziativa di tanti «io» che, dal basso e liberamente (dimensioni difese dal principio di sussidiarietà), si sono messi insieme e hanno collaborato a costruire la storia del nostro Paese. Il dibattito tra storici, politici, opinionisti, in occasione delle celebrazioni del centocinquantenario, indulge perlopiù sulle trame di potere, sugli intrecci di vertice, sicuramente importanti, ma non esaustivi nel descrivere l'autentica realtà del popolo italiano.

Punto determinante di questa realtà è una cultura dominata dall'idea che ogni singolo uomo valga «più di tutto l'universo» e non sia riducibile ad alcuna organizzazione sociale e politica.

Questa impostazione antropologica ha dato vita a una grande civiltà – che precede il formarsi dello Stato unitario – ricca di diversità unificanti, i cui protagonisti sono tutti gli italiani che, in diversi modi, hanno contribuito con il loro lavoro, le loro antiche tradizioni, il loro impegno sociale e politico a costruire un grande Paese.

A partire dai primi anni post-risorgimentali emerge nel nostro Paese la soggettività – prima sociale, poi economica e politica – dei movimenti cattolico e operaio; queste soggettività popolari, nate da persone sostenute da ideali che le aiutano a non ridurre il loro desiderio di verità, giustizia, bellezza, emergono via via nelle vicende tragiche e sanguinose della Prima guerra mondiale, della resistenza al fascismo, della Seconda guerra mondiale; nel compromesso virtuoso tra forze politiche che ha dato frutto alla Costituzione; nella difficile ricostruzione che culmina nell'inimmaginabile boom economico.

Il miracolo che gli italiani, alla fine del percorso descritto, avranno realizzato, pur tra le inevitabili contraddizioni e distorsioni, non sarà solo quello della promozione dell'Italia a grande potenza industriale, ma anche quello di una collaborazione tra vari ceti sociali e tra i rappresentanti di istituzioni pubbliche che raramente si era vista prima.

Gli ideali che muovono i protagonisti di questa storia li spingono a mettersi insieme e creativamente a generare opere sociali, economiche, educative, in risposta ai bisogni personali e sociali. In continuità con l'impegno di queste realtà popolari, vengono create formazioni politiche che le rappresentano. Innumerevoli sono i sacrifici, le sofferenze, le fatiche, i cambiamenti richiesti: ma ogni cambiamento è opportunità di nuova costruzione e conoscenza per chi è educato a vivere fino in fondo il proprio desiderio e, perciò, sa incontrare la realtà senza ridurla ai propri pregiudizi o al suo aspetto fenomenico superficiale.

Questo è il filo rosso dell'«anomalia sussidiaria» italiana che può, se viene recuperata, dare la forza e l'intelligenza per affrontare il difficile cambiamento che l'attuale situazione del nostro Paese impone.

Di fronte all'attuale momento di stallo – ideale prima che economico e istituzionale – che sta vivendo il nostro Paese, non basta richiamare l'importanza del rispetto delle regole, ma occorre scommettere sul desiderio e la capacità di ogni singola persona di costruire il bene comune. Nessuna politica può compiere una svolta senza un popolo che prenda coscienza di sé e del suo valore.

Come dimostra il nostro recente passato, si può non soccombere: ma ci vogliono tanti «io» coscienti e indomiti.

PARTE PRIMA
Dall'Unità d'Italia alla Grande Guerra

Una storia che viene da lontano

L'Italia viene da lontano. La sua storia non inizia con il Risorgimento e con la nascita dello Stato nazionale. È la storia, infatti, di una civiltà millenaria, vera e propria memoria dell'Europa, con un patrimonio di cultura che ci rende unici al mondo.

La natura per prima ha dotato il nostro Paese di una straordinaria varietà di quadri ambientali, che fondono tra di loro la terra e il mare. E la storia gli ha guadagnato l'attitudine a comporre, in una sintesi ineguagliabile, apertura universale e vocazione al particolare. Ecco le splendide, bellissime Alpi; ecco la larga pianura e le dolci colline appenniniche, le lunghissime coste sinuose e il Mediterraneo caldo e intenso, le contrade assolate del Mezzogiorno e le isole scolpite dal vento. Ed ecco, immersi in questi contrasti sorprendenti, i mille campanili e le cento città; e in ogni città, in ogni borgo, il municipio e la chiesa, le botteghe artigiane e i dialetti, un tessuto capillare fatto di legami sociali e familiari, dentro ambiti di vita amalgamati dal sentimento di un comune destino. Sono le «piccole patrie» degli italiani, tenute insieme da un intreccio ricchissimo di appartenenze, di tradizioni e di stili di lavoro, dalla fioritura di eccellenze tecniche e di primati artistici insuperati.

L'Italia è, a tutti gli effetti, un mosaico di esperienze, di linguaggi e di identità diverse, e 150 anni di storia unitaria ce ne mostrano l'ultima propaggine; inspiegabile, però, se letta con l'unica lente del trionfo ottocentesco del processo unitario, che racconta solo qualche tratto dei molti pianeti e dei mille mondi che convivono nella realtà del Paese, dove si sono sedimentati creando un deposito storico di incredibile spessore.

L'Italia, però, non è solo un coacervo di diversità originali. Ci sono stati molti elementi unificanti, malgrado secoli di divisione politica. Certo, non è facile scorgere ciò che ci ha uniti nel profondo, perché le sue radici sono nascoste nelle viscere del tempo. Esiste però un patrimonio condiviso di valori e di modi di vivere. Le «piccole patrie» degli italiani sono eredi del retaggio romano, fonte del diritto occidentale; e sono segnate da un amore per il bello e da un fervore creativo scaturiti da un cristianesimo incarnato nella vita degli italiani. Vi è una coscienza collettiva, che si è tradotta in responsabilità per i beni affidati ai singoli e alle comunità, in capacità di condivisione dei bisogni e delle preoccupazioni della gente, in una cura per il prossimo non ostacolata da condizioni di esistenza spesso precarie. In molti ne hanno goduto i benefici, gli ultimi e i meno fortunati, ma anche gli stranieri e i lontani. La nostra civiltà è stata anche questo, un mobilitarsi dal basso per rispondere ai bisogni degli uomini, in ognuna delle città e nei più piccoli centri della penisola.

Questo patrimonio unificante ha un fondamento: è quel «sedime religioso», cioè quel terreno reso fertile dal cristianesimo, intessuto di ideali e di pratica vissuta, di cui parlava a metà Ottocento l'abate torinese Vincenzo Gioberti. Un fondamento sostanziato dalla presenza della Chiesa nella società italiana e da un cattolicesimo popolare fatto di immediatezza e devozione, di pietà per la condizione umana e di solidarietà quasi istintiva. Questi i tratti tipici dell'italianità, specie nei momenti più tragici della vita collettiva; tratti che hanno disegnato una comune vocazione di fondo, scandita dai ritmi del tempo liturgico, nutrita dai gesti e dagli usi che segnavano la vita quotidiana delle persone così come le feste e gli eventi più solenni per l'esistenza dell'intera comunità. La fede, dunque, come fonte di legami di solidarietà e di vicinanza; una fede radicata nella realtà, dentro le fibre del tessuto sociale, capace di plasmarlo per renderlo più ospitale e compassionevole, pur passando attraverso momenti di smarrimento e periodi di oscurità. La storia plurisecolare della penisola è marcata da questa carità messa in opera, fonte di una tradizione civica che molti ci invidiano, spinta a tradursi in iniziative educative, ospedaliere e assistenziali, che per secoli hanno aiutato a rendere più sopportabile l'avventura della vita comune.

Questa – anche questa – è l'Italia che si affaccia al Risorgimento e che, per un certo periodo, pensa di potersi riconoscere nel progetto unitario. È la via indicata da Gioberti e da Rosmini. La storia, però, percorre altre strade, e l'Italia unita trova fondamenta non sempre componibili in modo pacifico con questo antico patrimonio. Dopo le annessioni al Piemonte e la dura repressione del brigantaggio, dopo Porta Pia e il Papa che si proclama «prigioniero in Vaticano», il Regno sabaudo cerca la propria legittimità altrove, perché quella varietà molteplice e quel «sedime religioso» sembrano elementi disgreganti dell'organismo unitario faticosamente costruito. L'esito – lo sappiamo – è una certa fragilità sia del vincolo nazionale, sia dello Stato unitario, nato, per così dire, già debole e discusso.

È vero che tra i padri della patria si registrano convinti assertori di un «Paese legale» diverso da quello realizzato (Marco Minghetti, ad esempio, oppure Stefano Jacini). Ma la rapida unificazione, inasprita dalle tensioni interne al giovane Stato e dalle minacce velate da nostalgie per gli antichi sovrani, ha cancellato presto sogni e velleità, dotando il nuovo Regno di una certa, specifica, eredità, con le sue ambizioni di controllo e di gestione dall'alto: Vittorio Emanuele II di Savoia, lo Statuto (concesso da Carlo Alberto nel 1848, poi esteso all'Italia unita), un sistema amministrativo accentrato e una legislazione ecclesiastica dai tratti anche ostili e limitanti per la vita della Chiesa (con la soppressione di antichi ordini religiosi, con la necessità dell'assenso del re alla nomina dei vescovi e alla diffusione, in Italia, dei documenti emanati dal Papa). E poi la tassa sul macinato, la leva obbligatoria, le incomprensioni reciproche e la difficoltà a riconoscersi tutti, allo stesso modo, italiani.

È questo il punto di partenza del nostro percorso, su cui si innestano, nel volgere di pochi decenni, gli effetti della modernizzazione politica, economica e sociale. È un passaggio che porterà innegabili vantaggi alla vita del Paese (lo Stato di diritto e le libertà civili, le infrastrutture e, sia pure lentamente, lo sviluppo). Ma che implicherà anche momenti di rottura e di conflitto, e persino tentazioni politiche con esiti davvero criticabili, mentre la società italiana, specie ai livelli più elevati, conosce i primi sintomi della secolarizzazione.

Il «mondo nuovo» avanza con le filande e le manifatture, il vapore e l'elettricità, il motore a scoppio, l'industrialismo, l'emigrazione e il pauperismo. Il cambiamento è alle porte: le risorse della tradizione devono misurarsi con le nuove emergenze. E dunque ecco sorgere nel «Paese reale», a volte in sinergia, più spesso in polemica con l'Italia «legale», strumenti moderni di presenza nel contesto di un mondo in trasformazione: dalle mille associazioni alla stampa, dalle congregazioni religiose femminili alle società di mutuo soccorso, dalle leghe operaie alla cooperazione. Una religione e una coscienza civile dal cuore antico sanno tradursi in forme nuove; in opere che, a ben guardare, sono state una via alla cittadinanza, per il mondo cattolico e per altri punti di riferimento importanti per tutto il popolo italiano. Questo ci racconta l'impegno sociale e civile del movimento cattolico e del movimento socialista. Le reti associative distese sul territorio nazionale tra la fine dell'Ottocento e l'inizio del Novecento si sono infatti orientate, come tendenza, verso la scelta di restare nel «sistema», quali che fossero i motivi di contestazione sui suoi indirizzi di governo. L'uso delle libertà statutarie è diventato il tramite di una volontà di partecipazione, negli organismi locali e, in un secondo tempo, nella più ampia vita pubblica. Si è aperta così la via che ha portato all'assunzione di responsabilità sempre più decisive dei grandi soggetti popolari sin nella sfera politica, per il benessere dei cittadini e per il rinnovamento della casa comune costruita dal Risorgimento.

I. UNA INFINITÀ DI OPERE, FONDAMENTO DELLA NAZIONE

Sullo scenario del XIX secolo si alternano repentinamente il crollo dell'assolutismo, lo scatenarsi della Rivoluzione francese, gli sforzi della Restaurazione e l'affermazione progressiva delle libertà democratiche. Cambiano gli scenari politici, ma cambiano anche i contesti sociali, dove il giurisdizionalismo dei sovrani illuminati e i fermenti rivoluzionari hanno cancellato l'antico mondo delle confraternite e degli ordini religiosi. Trappe e conventi sono svuotati, le opere cattoliche dedite all'insegnamento e all'educazione subiscono dure opposizioni, le risorse della Chiesa sono confiscate per rafforzare la capacità di intervento degli Stati nazionali.

Il turbinio degli eventi sconvolge i ritmi antichi delle società cattoliche di tutta Europa e provoca smarrimento, ma anche volontà di recuperare il terreno perduto attraverso nuove forme di presenza e di organizzazione. Negli Stati italiani preunitari, sottoposti alla Restaurazione, si risente di questi cambiamenti, che hanno confuso gli animi, provocando una crisi di valori. «L'uomo figlio dell'abbandono della tradizione cristiana è ora da ricostruire», afferma l'oblato milanese Francesco Maria Zoppi[1]. Nasce così una nuova operosità che si diffonde a tutti i livelli della società, con iniziative che rinsaldano la fede degli italiani attraverso i moderni strumenti della stampa, della propaganda e dell'associazionismo.

«Mirabile Provvidenza del Signore! Nel momento appunto che alla Chiesa, per opera di governi atei, si sottrae quell'appoggio dovutole dal braccio secolare, per poter compiere speditamente la sua missione in terra, Iddio suscita nei semplici fedeli tanto fuoco di zelo, che basta a farli accorrere alla protezione e all'aiuto della Chiesa, al braccio dei governi sostituendo il braccio dei popoli. Chi sa se in questa epoca di democrazie folleggianti non ci sia serbato lo spettacolo consolante di vedere salvata la Chiesa, per mezzo appunto dei popoli, dalla tirannide, sotto cui i Principati vogliono ora opprimerla e

[1] G. Rumi, *Santità sociale in Italia tra Otto e Novecento*, SEI, Torino 1995 p. 6.

schiacciarla [...]. All'unione della Chiesa collo Stato [...] succede l'unione della Chiesa con i popoli»[2].

L'illuminismo e l'ostilità dei rivoluzionari nei confronti della Chiesa obbligano a ripensare alla catechesi, alla preparazione del clero, alla presenza culturale e sociale dei cattolici, che si confrontano con le mutate condizioni politiche e sociali. Sull'esempio di personalità come don Giovanni Bosco, don Luigi Guanella e madre Francesca Cabrini, parrocchie e ordini religiosi suscitano un'infinità di opere caritative per rispondere ai bisogni sorti con l'industrializzazione: analfabetismo, immigrazione, povertà, abbandono minorile, assistenza sanitaria. È una azione impressionante per vastità, e autenticamente sussidiaria: non nasce per un desiderio di supplire a carenze dell'organizzazione statale, e neppure come strategia di riconquista del territorio, ma dai fatti. Sussidiarietà che si è concretizzata in senso di pietà popolare, forza di intraprendere e adoperarsi per il bene comune, coraggio di ripartire sempre, nella certezza di un futuro migliore: fattori che incidono profondamente nel dare fondamento a una Nazione. Dalle città ai piccoli paesi sorgono scuole, asili, orfanotrofi, che diventano centri di animazione della vita sociale. In un mondo ancora diviso per ceti, queste iniziative affermano, nei fatti, che ciò che conta non sono le differenze sociali, ma la comune battaglia per il bene del Paese.

L'obiettivo è anche quello di rinnovare la vita religiosa: facendo appello al diritto di associazione, molti consacrati continuano a vivere insieme, radunandosi attorno a opere che non sono attaccabili dalla nuova legislazione. In Italia circa quattrocento nuove congregazioni affiancano e, in qualche caso, sostituiscono gli antichi ordini religiosi, trovando legittimazione agli occhi dei sovrani grazie alla dedizione con cui affrontano le emergenze sociali. È uno dei frutti di questo composito movimento, un movimento non conflittuale né rivendicativo, capace di condivisione e di immedesimazione con gli uomini del proprio tempo[3].

---

[2] Articolo del gesuita C. Piccirillo, pubblicato in occasione del primo congresso cattolico (1874), cit. in L. Scaraffia, *Il contributo dei cattolici all'unificazione*, in L. Scaraffia (a cura di), *I cattolici che hanno fatto l'Italia. Religiosi e cattolici piemontesi di fronte all'Unità d'Italia*, Lindau, Torino 2011, p. 228.
[3] A. Colombo, *Congregazioni religiose e sviluppo in Lombardia tra Otto e Novecento. Il caso delle suore di Maria Bambina*, Vita e Pensiero, Milano 2004.

1. *Una vivacità sociale declinata al femminile. Maddalena di Canossa*

Maddalena Gabriella nasce a Verona il primo marzo 1774 dalla nobile famiglia dei marchesi di Canossa. Fin dai primi anni si rivela vivace, intelligente e schietta, con un'indole «imperiosa, caparbia, ostinata»[4]. Il suo temperamento risente del dramma familiare che ha vissuto, dovuto alla morte improvvisa del padre nel 1779 e alle seconde nozze della madre. Sono anni molto delicati per la giovane, sottoposta ai maltrattamenti dell'istitutrice cui è affidata e affetta da una grave malattia, che la porta ad assaporare l'esperienza del silenzio e della preghiera. È in questi momenti che sorge in lei il desiderio sempre più forte di consacrare la vita a Dio. Ne derivano due esperienze conventuali tra le suore carmelitane. Maddalena tuttavia confida: «Mi sentivo incessantemente ripetere nell'intimo che in quel luogo avrei, sì, santificato me stessa, ma non avrei potuto impedire peccati né giovare alla salvezza delle anime»[5].

Tornata in famiglia, si inserisce nella vita di palazzo Canossa, come amministratrice del vasto patrimonio familiare. Qui, accesa da una carità illimitata, Maddalena inizia la sua opera: raccoglie ragazze dalla strada, visita ospedali e tenta di rispondere alle povertà materiali e culturali che incontra. Si muove nei quartieri periferici di Verona, assai segnati dalle alterne dominazioni straniere e da tracce evidenti di umane sofferenze. Maddalena trova le prime compagne con le quali condividere la propria vocazione ed entra in contatto con la Pia Unione di carità e beneficenza di Milano, dedita al volontariato ospedaliero e sociale. Nel 1808 lascia palazzo Canossa, per trasferirsi nel monastero dei Santi Giuseppe e Fidenzio, concessole dalla Prefettura per la cura delle ragazze povere e abbandonate del rione San Zeno. Dà anche inizio all'Istituto delle Figlie della Carità, pensato per venire incontro ai bisogni della società del tempo attraverso la scuola, la catechesi, la visita agli infermi negli ospedali e la preparazione di «maestre di campagna». A Verona la Canossa e le sue consorelle si prendono cura delle sordomute, insegnando loro la scrittura, la mimica e poi la parola viva.

---

[4] C.C. Bresciani, *Vita di Maddalena, Marchesa di Canossa, fondatrice delle Figlie della Carità dette Canossiane*, Vicentini e Franchini, Verona 1848, p. 5.
[5] Maddalena di Canossa, *Memorie. Una contemplativa nell'azione*, a cura di E. Polonara, Rusconi, Milano 1988, p. 19.

La Canossa capisce di dover cominciare a ricostruire il popolo partendo dall'educazione delle madri. «Non basta raccogliere ragazze quanto renderle cristiane e madri di famiglia»[6]. Nel discorso inaugurale pronunciato il 10 settembre 1823, per l'erezione dell'Istituto, l'oblato Francesco Maria Zoppi sostiene che l'opera di risanamento dell'uomo va iniziata in seno alle famiglie, il cuore generativo della società, «perroché, nel volgo particolarmente, da chi apprendono l'istruzione i maschi del pari che le femmine? Dalle madri!»[7]. Il centro dell'attività della Canossa è dunque la donna, capace di trasmettere un patrimonio di vita e di valori, che va riscoperto. «Non sono che povere fanciulle, è vero, le allieve di questo istituto, ma queste fanciulle saranno un giorno le madri e le educatrici di altrettante famiglie che costituiscono la maggior parte della società». Alle ragazze la Canossa offre educazione e istruzione, insistendo sul valore delle loro persone. Anche l'aspetto esteriore è curato, perché è espressione di bellezza interiore: che le ragazze «si avvezzino con nettezza, che non venghino scarmigliate». Per Maddalena la trascuratezza femminile comporta «un raddoppiamento della miseria». Tanto è vero che non esita a occuparsi persino di moda, eliminando sì «indegnità e scandali», ma per ridare alle ragazze «leggiadria» e «decoro». È l'arte di «far apparire belle le brutte»[8].

Nel 1828 l'istituto, già avviato anche a Venezia (1812), Milano (1816), Bergamo (1820) e Trento (1828), ottiene l'approvazione di Papa Leone XII. Dopo la morte della fondatrice, nel 1835, il bisogno crescente di educazione e di assistenza agli indigenti porta allo sviluppo di nuove realtà, come le comunità di Cremona e di Brescia che apriranno nel 1836 e nel 1838.

2. *Don Guanella, un cambiamento all'opera*

Luigi Guanella nasce a Fraciscio di Campodolcino, in provincia di Sondrio, il 19 dicembre 1842. Cresciuto in una famiglia semplice e modesta insieme a tredici fratelli, fin dalla tenera età manifesta la volontà di diventare sacerdote. Viene ordinato il 26 maggio 1866.

[6] G. Rumi, *Santità sociale in Italia*, cit., p. 11.
[7] *Ibid.*, p. 6.
[8] *Ibid.*, pp. 8-14.

Coltiva un intenso rapporto di amicizia con don Bosco, di cui è uno dei più stretti collaboratori. Non entra però fra i salesiani.

Nel 1878 è mandato come coadiutore nella parrocchia di Traona (Sondrio), dove si adopera per trasformare il convento di San Francesco (in disuso perché sottratto ai frati francescani) in una scuola capace di ospitare i «derelitti», recuperandoli con la preparazione professionale, l'artigianato, i lavori agricoli e l'impegno nei servizi. Don Guanella vuole occuparsi di bambini e giovani, ma anche di anziani lasciati soli, emarginati e disabili fisici e psichici. Le trattative con il Comune sono difficili: il sindaco e la Giunta comunale intuiscono i benefici che la cittadinanza potrebbe trarne, ma il prefetto è diffidente e manda un'ingiunzione al sindaco, per invitarlo a usare la massima prudenza. Alla fine si arriva a un compromesso: don Guanella ottiene l'utilizzo degli spazi senza pagare l'affitto, ma si assume le spese di restauro e manutenzione. Una volta avviata l'opera, l'autorità politica si rende conto che don Luigi ha in mano un centro educativo assai influente. Per la sua libertà e indipendenza, l'opera di Guanella è considerata politicamente sospetta, tanto che si arriva alla chiusura. Il pretesto sono false illazioni sul comportamento di don Luigi e delle suore di Pianello Lario, dove da qualche tempo il sacerdote opera. Davanti al prefetto, Guanella espone chiaramente il suo proposito: «Io voglio fare un istituto per educarvi delle buone domestiche»[9]. Inaspettatamente il prefetto si entusiasma. L'esito è, nel 1890, la Casa della Divina Provvidenza di Como, che accoglie oltre 200 ospiti tra anziani, orfani e sordomuti. Quella di Pianello intanto si sviluppa. «Il piccolo ospizio ora è gremito – afferma don Guanella –. Vi sono ventidue orfanelle. Vi sarebbe bisogno di estendersi e si attende che Dio provveda al più presto. Quel momento sarà utile a molti. Preghiamo che il Signore faccia scoccare l'ora della misericordia»[10].

Don Guanella guarda ora a più vasti orizzonti: nel 1894 a Milano apre la Pia Casa dei poveri. Da qui le case di don Guanella si diffondono in Lombardia, in Veneto e negli Stati Uniti. Nel 1903 è la volta, a Roma, di un'opera maschile, la Casa san Giuseppe, e di

---

[9] G. Piccinelli, *Splendori di fede in Como e nella diocesi*, Premiata scuola tipografica dell'orfanotrofio dell'Opera don Luigi Guanella, Lecco 1939, p. 185.

[10] Lettera citata in A. Diegesi e N. Minetti (a cura di), *Don Guanella inedito negli scritti di Piero Pellegrini*, Nuove Frontiere, Roma 1993, p. 64.

un'opera femminile, la Casa Pio X. Da allora le case sorgono e si diffondono sempre più numerose, senza però una precisa strategia: dove c'è un bisogno, don Guanella si mette all'opera. Segue i giovani che emigrano all'estero e promuove lo sviluppo della loro terra di origine, con cooperative, conferenze agrarie e assicurazioni.

Le case di don Luigi sono abitate da molte persone che liberamente aderiscono al suo carisma, dedicandosi alla crescita delle opere: sono i primi membri di una congregazione nascente, che difficilmente potrebbero restare uniti senza un vincolo ufficiale e concreto. Dal primo gruppo di suore pianellesi nasce la congregazione religiosa femminile delle Figlie di santa Maria della Provvidenza. La congregazione maschile è creata nel 1908 e prende il nome di Congregazione dei servi della carità.

II. LA CREATIVITÀ SOCIALE

1. *Un rapporto complesso: lo Stato unitario e le nuove congregazioni*

La fecondità delle opere nate dalle nuove congregazioni religiose, diffuse soprattutto nel nord della penisola, si percepisce anche dalla loro affermazione come soggetto economico rilevante. Non per niente l'avvento dell'unificazione politica della penisola pone il problema di come integrare nel nuovo Stato queste realtà, autonome e spesso non collegate fra loro, ma assai radicate a livello locale.

Inizialmente lo Stato unitario permette alle opere di continuare a esistere mantenendo una propria autonomia. Con la «gran legge» del 1862 il quadro normativo configura un sistema di «pubblica beneficenza» rispettoso, pur nell'affermazione del controllo pubblico, dell'autonomia delle istituzioni, ma complessivamente inadeguato di fronte a una situazione sociale particolarmente grave. Le leggi del 1866-67 e del 1873 negano alle organizzazioni religiose la personalità giuridica, cioè la possibilità di possedere beni: lo Stato non riconosce gli «ordini, le corporazioni e le congregazioni religiose regolari e secolari, e i conservatori e ritiri, i quali importino vita comune e abbiano carattere ecclesiastico». I beni delle comunità soppresse vanno al demanio. Nonostante questi drastici provvedimenti, il mondo monastico e conventuale sopravvive, purificandosi e modernizzandosi. Ci si appella al diritto di proprietà privata, previsto dal Codice civile, per preservare i beni. Gli istituti religiosi tentano di utilizzare le possibilità offerte dalle leggi civili per sfuggire alla soppressione e preservare le opere. La via battuta da molti istituti è quella della creazione di società anonime per azioni. Sono soprattutto le congregazioni del nord, poco quelle del centro e pochissimo quelle meridionali, a cercare nuovi mezzi per fronteggiare l'eversione dei beni ecclesiastici[11].

A partire dalla legge Crispi del 1890 si disegna un diverso assetto, volto ad affermare una serie di obblighi assistenziali, peraltro insufficienti, ma nel quadro di una trasformazione delle opere pie in

[11] Per tutto ciò cfr. L. Scaraffia, *Il contributo dei cattolici all'unificazione*, cit., pp. 223-226.

«istituzioni pubbliche di beneficenza», sotto il controllo dello Stato. A dispetto delle leggi restrittive, le congregazioni e le loro opere non smettono però di proliferare, registrando un aumento del 31% rispetto al ventennio precedente, a fronte di un bisogno sociale che non accenna a diminuire. Le congregazioni, sensibili alle vecchie e nuove povertà diffuse nella società italiana fra Otto e Novecento, cercano di trovare soluzioni che permettano loro di vivere compatibilmente con la legislazione in vigore. Le leggi di espropriazione delle proprietà ecclesiastiche, mentre sembrano distruggere la Chiesa, contribuiscono a rinnovare la vita religiosa. Il risultato della politica anti-ecclesiastica è una sorta di compromesso che ha permesso alle congregazioni di svilupparsi. Alla Camera, in un discorso del 1895, Francesco Crispi fa un bilancio significativo:

«Il movimento religioso è tale da doversi impensierire [...]. La legge del 1866 e quella del 1873 per la soppressione delle corporazioni religiose furono impotenti. Noi abbiamo negato alle corporazioni religiose la personalità giuridica, ma non abbiamo impedito alle medesime di potersi raccogliere. E si sono raccolte; e possiedono più liberamente di quello che possedevano prima del 1866 e del 1873. Per chi vuole che l'avvenire rivolga secondo i principi della ragione civile e dell'umano diritto c'è luogo a pensare!»[12].

Del resto le autorità civili locali riconoscono l'utilità di tali esperienze. Il rapporto con l'autorità pubblica si svolge, infatti, su due piani: da una parte la spesso intransigente figura del prefetto, designato dal governo, e dall'altra il sindaco, responsabile amministrativo. C'è in genere una differenza tra le posizioni delle due figure: la maggior parte dei prefetti tende a eseguire scrupolosamente le leggi di soppressione, in ossequio al «Paese legale»[13]. Molti sindaci, invece, avendo conosciuto da vicino i benefici apportati da queste congregazioni in ambito locale, le difendono come espressione del «Paese reale». Naturalmente non mancano eccezioni: non sempre i prefetti sono ostili. A seconda della sensibilità di ciascuno, talvolta sono i prefetti ad appoggiarle.

---

[12] Cit. in G. Romanato, *Le leggi antiecclesiastiche negli anni dell'unificazione italiana*, in «Studi storici dell'ordine dei servi di Maria», LVI-LVII (2006-2007), p. 2.
[13] A. Colombo, *Congregazioni religiose e sviluppo*, cit.

L'opera di accentramento dello Stato continuerà, concludendosi con il lento affermarsi di opere pubbliche che sostituiranno le opere pie, spesso però indebolendone l'efficacia.

2. *Nuove donne per la nuova Italia*

Al di là dei conflitti istituzionali, molti cattolici, anche religiosi, hanno contribuito a creare una Nazione unita socialmente e culturalmente. Fondamentale l'apporto delle congregazioni di vita attiva, specie femminili, che hanno creato una rete di istituti assistenziali, scolastici e ospedalieri, case editrici, società per azioni e banche con finalità sociali, spesso precedendo le realizzazioni dello Stato in questi campi e garantendo aiuto e assistenza soprattutto alle fasce più deboli della popolazione[14]. Queste attività creano legami culturali tra le regioni italiane. Le scuole e le opere educative propongono programmi di insegnamento unitari, che comprendono la lingua e la letteratura italiana. Le religiose girano per l'Italia, si scambiano fra loro, mettono in comune il patrimonio di esperienze e di conoscenze che acquisiscono quotidianamente nei contatti con la popolazione. Il punto di partenza non è politico, ma è l'interesse per la persona. E tuttavia, attraverso la loro opera, l'identità italiana ne ottiene un rafforzamento, continuando a nutrirsi della comune appartenenza religiosa.

Soprattutto le case religiose femminili che svolgono compiti di assistenza si dimostrano vivaci e creative. Mentre diminuiscono le vocazioni maschili, aumentano quelle femminili. Nei nuovi istituti le suore prendono i voti semplici e quindi possono mantenere la proprietà dei beni personali; essi sono diffusi soprattutto al nord. Nel Mezzogiorno e in gran parte del centro la religiosità femminile rimane strutturata in modo tradizionale, con le «monache di casa».

Il successo delle nuove congregazioni si deve al fatto che offrono alle donne uno spazio autonomo non solo per la vita religiosa, ma per l'affermazione delle capacità individuali: le suore hanno la possibilità di imparare una professione, di viaggiare e di fare carriera all'interno

[14] Questo paragrafo è debitore a L. Scaraffia, *Il contributo dei cattolici all'unificazione*, in particolare alle pp. 233-245, e a G. Loparco, *Le figlie di Maria Ausiliatrice e le reti di «ben intesa italianità» nel primo cinquantennio dello Stato unitario*, *ibid.*, pp. 153-204.

delle congregazioni, possibilità che ancora non ci sono per le donne nella società laica. Dal punto di vista economico queste congregazioni sono una vera novità: mentre le istituzioni femminili precedenti nascevano solo se, alle origini, erano garantite da una sicurezza economica, ora le congregazioni sorgono con capitale minimo o nullo e il loro sostentamento è garantito dal lavoro delle suore. Le fondatrici si procurano i fondi e li gestiscono in modo dinamico e produttivo, impegnandosi in vere e proprie attività imprenditoriali. Molte di loro vengono da famiglie borghesi, dove hanno svolto attività di amministrazione. Le suore sono le prime donne a prepararsi con studi professionali, anche se vengono da ceti popolari. Le congregazioni le fanno studiare. «Senza industriarsi non si giunge mai a nulla. Cosa non fanno i business men nel mondo degli affari? E perché non facciamo almeno noi altrettanto per gli interessi del nostro diletto Gesù? Son pur questi i talenti consegnatici da far fruttificare», sostiene Francesca Cabrini, la madre degli emigrati[15]. La condotta esemplare delle suore e l'evidente utilità sociale delle loro opere attirano donazioni e offerte generose.

Donne dunque dirigono orfanotrofi, scuole e ospedali, viaggiano spesso, conducono una vita molto più emancipata di quella delle laiche loro contemporanee. È una sorta di emancipazione femminile, perseguita «non attraverso la rivendicazione dei diritti, ma assumendosi le responsabilità e dimostrando di essere in grado di sostenerle»[16].

Nuove fondazioni di istituti religiosi di vita attiva in Italia, dal XVI al XIX secolo[17]

Periodo	Nord		Centro		Sud		Italia		
	femminile	maschile	femminile	maschile	femminile	maschile	femminile	maschile	totale
1500-1599	10	-	0	-	0	-	10	-	10
1600-1699	8	-	7	-	0	-	15	-	15
1700-1799	8	-	12	-	0	-	20	-	20
1800-1899	104	-	43	-	36	-	183	23	206
totale	130		62		36		228	23	251

[15] Cit. in L. Scaraffia, *Il contributo dei cattolici all'unificazione*, cit., p. 241.
[16] *Ibid.*, p. 245.
[17] A. Colombo, *Congregazioni religiose e sviluppo*, cit., p. 37.

3. *Costanza Cerioli: ripartire da un bisogno*

Costanza Cerioli nasce a Soncino (Cremona) il 28 gennaio 1816, sedicesima figlia di una nobile famiglia. Non senza esitazioni, sposa a 19 anni Gaetano Busecchi, vedovo, di 40 anni più anziano di lei. Inizia una vita coniugale faticosa, anche per la salute malferma del marito, accompagnata da una maternità dolorosissima: dei 4 figli messi al mondo solo l'ultimo, Carlo, vive fino ai 16 anni. Nel 1854 la tisi le porta via sia il figlio che il marito.

Rimasta sola, Costanza attraversa un momento di crisi. L'unico conforto è la promessa che il figlio le ha fatto sul letto di morte: «Mamma, non piangere. Il Signore ti darà altri figli...»[18]. È il punto di partenza di una svolta. Guardando le campagne bergamasche, dove vive, Costanza tocca con mano gli effetti dell'industrializzazione: le famiglie sono lacerate da tensioni e contraddizioni, divise tra le promesse di guadagno che vengono dagli opifici della città e il lavoro nei campi, che resta indispensabile per il sostentamento. Balena così in lei l'idea di ripartire dall'educazione delle contadine, veri fulcri delle famiglie: progetta e realizza una scuola rurale per le giovani di Comonte, in cui si apprendono le tecniche agricole più avanzate. Di fronte all'inaspettata floridezza dell'opera e all'imporsi sempre più stringente di una vera e propria vocazione, Costanza traccia le linee portanti di una nuova istituzione religiosa. L'8 dicembre 1857 si consacra con il nome di Paola Elisabetta e fonda l'Istituto delle Suore della Sacra Famiglia a Comonte di Seriate (Bergamo). «L'umiltà, la semplicità, la povertà, l'amore al lavoro, a imitazione della Sacra Famiglia di Nazareth, formeranno lo spirito proprio di questo istituto»[19].

Tra il 1863 e il 1865 fioriscono numerose comunità, come quelle di Soncino e Leffe: case che ospitano la scuola agricola, il convitto per le orfane e le ricreazioni festive. Il 24 dicembre 1865 suor Elisabetta muore a Comonte. «Amiamole queste povere figlie [le bambine orfane], e siamole in luogo di padre, madre, fratelli che Dio loro ha tolti per mettere noi in loro luogo»[20].

---

[18] E. Federici, *Beata Paola Elisabetta Cerioli, fondatrice degli Istituti della S. Famiglia di Bergamo*, M. Pisani, Isola del Liri 1950, p. 105.
[19] P.E. Cerioli, *Direttorio*, Bergamo 1906, p. 10.
[20] P.E. Cerioli, *Regole*, in *Opera Omnia*, Martinengo 2002, vol. I, p. 115.

4. *Uno Stato, tante sfumature*

Nel Mezzogiorno vi sono poche congregazioni, che intrattengono rapporti non sempre facili con le autorità civili e con il clero. Generalmente le frenano i sospetti delle autorità ecclesiastiche e del notabilato verso l'evoluzione sociale delle classi popolari, lo scarso coordinamento tra le iniziative cattoliche e il disinteresse dell'amministrazione pubblica per una adeguata assistenza ai bisognosi. La società meridionale è diversa da quella centro-settentrionale anche dal punto di vista delle nuove forme di aggregazione religiosa. Al loro nascere, queste ultime hanno come interlocutori da un lato i notabili e le autorità civili, dall'altro le diocesi e le parrocchie. L'intersezione di tali soggetti varia a seconda di molti fattori.

Il notabilato locale è favorevole quando i fondatori delle congregazioni religiose provengono da famiglie nobili e borghesi o costruiscono opere oggettivamente indispensabili alla comunità. Dove invece queste nuove realtà sono considerate pericolose, sia per la loro autonomia, sia perché, operando con i ceti popolari, sono sospettate di incentivare uno spirito di rivolta, gli ostacoli non sono pochi. Il notabilato pre-unitario, dichiaratamente cattolico e legato a rapporti clientelari che coinvolgono la Chiesa locale, dopo l'Unità diventa non di rado laicista, per approfittare delle confische dei beni ecclesiastici. Le nuove congregazioni riescono a sottrarsi al meccanismo dell'esproprio e continuano a dialogare con le autorità, evitando, in molti casi, fratture sociali traumatiche e dichiarandosi dipendenti solo dal vescovo. Anche il rapporto con la Chiesa è alquanto sfaccettato: se nella maggior parte dei casi le congregazioni nascono sottomesse al vescovo, spesso l'alto clero locale è strettamente legato agli interessi dei notabili e questo crea non pochi problemi alle congregazioni. I parroci sono propensi a sostenere le nuove opere quando aiutano quelle già presenti in parrocchia, non accettano invece di buon grado le frequenti sollecitazioni a dedicarsi più assiduamente ai doveri pastorali, che vengono soprattutto dalle suore le quali, fra l'altro, si pongono in alternativa al fenomeno delle «monache di casa»[21].

Le autorità civili, comunque, accettano più volentieri le congregazioni dei vecchi ordini, perché le loro iniziative sembrano una valida risposta ai bisogni sociali di cui lo Stato non può ancora farsi carico.

---

[21] A. Colombo, *Congregazioni religiose e sviluppo*, p. 40.

5. *«Il cuore e il braccio» a servizio del Mezzogiorno*

Brigida Pastorino nasce nel 1865 in una famiglia agiata di Catona, piccolo centro sullo stretto di Messina. Sin dall'infanzia si sente portata per il servizio ai poveri e agli sfruttati della sua terra, la poverissima Calabria: il contatto quotidiano con gli operai e i manovali dipendenti dal pastificio di proprietà della famiglia e i rapporti con i pescatori e i marinai del porto di Catona la interrogano profondamente. Di fronte ai bisogni della sua terra, Brigida fonda nel 1880 la Pia Unione delle Figlie di Maria, un istituto di voti semplici che, d'intesa con il parroco, si dedica all'edificazione spirituale della comunità, recuperando i gesti della tradizione e rinvigorendoli con una nuova coscienza: «Egli, il buon Dio, [...] non contento di star chiuso, dimenticato in un angusto Ciborio, esce un dì solennemente nelle piazze»[22]. Questa dedizione, tutta tesa a rinsaldare la pietà popolare, lentamente crea le condizioni per la nascita di molte vocazioni.

In un momento di crisi per la Pia Unione, Brigida prega il vescovo di Reggio, Gennaro Portanova, di poter mettere la sua fondazione sotto la guida di un sacerdote. Viene così nominato direttore spirituale Domenico Scopelliti. Il rapporto con Scopelliti diventa per molte la conferma nella decisione di prendere i voti. Portanova segue con interesse l'esperienza catonese: in un panorama locale di «condizioni tanto avverse, è una prova novella della vitalità soprannaturale della Chiesa di Gesù Cristo e della sua inesauribile fecondità»[23].

Nel 1898 dalla Pia Unione nascono le Figlie di Maria Immacolata. Tre anni dopo il vescovo Portanova ne detta le prospettive: le religiose devono operare a vantaggio delle figlie del popolo e occuparsi di insegnare alle fanciulle i rudimenti della fede, addestrandole ai lavori femminili e ad altre attività, a seconda delle esigenze locali. La Pastorino spiega così la proposta del vescovo: «Bisogna dare a Gesù il cuore e il braccio. L'orazione con la vita interiore sia il cuore; le occupazioni esteriori, gli uffici di carità e di misericordia da esercitare quotidianamente con la gioventù siano il braccio. Perciò il motto dell'Istituto sia 'Tutto in Dio'. Esso ne specifica bene la vita e il fine»[24].

---

[22] *Verbali della Pia Unione delle Figlie di Maria*, 20 giugno 1889.

[23] *Regole dell'Istituto delle Figlie di Maria Immacolata nell'Archidiocesi di Reggio Calabria*, Reggio Calabria 1906, pp. 5-6.

[24] P. Borzomati, *Le congregazioni religiose nel Mezzogiorno e Annibale di Francia*, Studium, Roma 1992, p. 59.

Parte così l'opera di catechesi delle Figlie di Maria: la domenica le suore insegnano il catechismo perfino nelle piazze. Nelle località più povere della Calabria istituiscono asili, scuole elementari, corsi riservati alle giovani per l'insegnamento del cucito, del ricamo e della musica, collaborano attivamente con i parroci. Brigida non esita ad accogliere nella congregazione postulanti di famiglie povere e, non di rado, affida loro responsabilità di governo nell'istituto. Questo le attira l'ostilità di alcuni prelati e notabili. Nel frattempo, grazie all'amicizia e al sostegno dell'arcivescovo Portanova, Brigida ottiene nel 1901 il decreto di approvazione canonica dell'istituto e successivamente, nel 1921, la dichiarazione di diritto pontificio e l'approvazione delle costituzioni.

Dagli anni Trenta, tuttavia, le Figlie di Maria Immacolata incontrano non poche difficoltà, soprattutto finanziarie. Forti i pregiudizi suscitati dal consistente patrimonio della congregazione. Il trasferimento della casa generalizia a Roma, unito a investimenti rischiosi, conduce a un tracollo finanziario. La Pastorino è costretta a dimettersi, per le pressioni vaticane. Solo dopo aver superato molte difficoltà, che portano alla chiusura di alcune opere, è rieletta superiora generale.

La storia dell'istituto ideato da Brigida Pastorino dimostra la complessità del quadro con cui le nuove congregazioni si confrontano: un territorio in cui le opere attecchiscono, crescono e si radicando non vede di buon occhio queste donne, che arrivano a gestire patrimoni ingenti. La vera possibilità di sopravvivenza delle congregazioni sta nella capacità delle fondatrici di permeare le opere del carisma iniziale: «Lasciamoci dunque lavorare dalla mano divina; e lasciamo correre, accettando le disposizioni del Signore che si serve delle creature per purificarci»[25].

[25] *Ibid.*, pp. 65-66.

III. DALLA LOTTA CONTRO LO STATO ALLA PRESENZA NELLA SOCIETÀ

Il movimento cattolico dopo l'Unità

È difficile, per i cattolici italiani, riconoscersi nella casa comune creata dal Risorgimento, così come si è realizzata nel 1861: i modi dell'unificazione e la conquista di Roma (1870), che ha cancellato lo Stato pontificio facendo del Papa una sorta di cittadino dello Stato italiano, rendono per ora impossibile la conciliazione tra cittadinanza italiana e appartenenza ecclesiale. Il mondo cattolico si sente chiamato a prendere posizione. L'esempio viene dai cattolici tedeschi: «Unirci, ordinarci, orientarci» è la parola d'ordine, che risponde ai «fatti compiuti» dal Risorgimento con la creazione di una struttura organizzativa di dimensione nazionale, dipanata capillarmente nella società italiana. L'Italia unita è un dato acquisito, non è questione di antipatriottismo né di nostalgie legittimiste per i sovrani degli Stati preunitari. La preoccupazione, semmai, è quella di influenzare il futuro del Paese. I cattolici si mettono dunque all'opera, con obiettivi dichiarati: difendere i «diritti» del Papa, rafforzare la fede dei cittadini del neonato Stato italiano e potenziare l'azione cattolica, utilizzando la forza della carta stampata e dando vita a molte iniziative che dimostrano la vicinanza della Chiesa alla popolazione, in polemica aperta con la classe dirigente liberale. L'Italia cattolica si mobilita per costruire un'alternativa all'ordine politico del nuovo Regno e agli equilibri sociali che esso garantisce. Sono queste le direttrici di marcia del cattolicesimo intransigente, che gode dell'approvazione dei pontefici e mette in minoranza le correnti cattolico-liberali.

1. *La Società della Gioventù Cattolica*

Già negli anni precedenti si era avvertita la necessità di un'associazione nazionale che coordinasse le forze cattoliche in difesa delle prerogative della Chiesa. A promuovere la prima iniziativa erano stati i giovani cattolici bolognesi, guidati da Giovanni Acquaderni e Mario Fani. Era nata così la Società della Gioventù Cattolica (1868), che si era proposta di schierare la gioventù cattolica a difesa del papato. Forte è l'entusiasmo manifestato da questi giovani nelle molte celebrazioni in onore del pontefice. Le autorità statali vi scorgono un segnale politico preoccupante, perché sbilanciato dalla parte delle pretese temporali del Papa.

La Gioventù Cattolica, creata in un clima di forte contrapposizione con il nascente Stato unitario, rimane tuttavia un'associazione laicale con scopi per lo più religiosi, che vuole agire per rispondere ai cambiamenti in atto. Alfonso Rubbiani, segretario generale, ne dice lo spirito: «Giovanissimo mi parve che in quegli anni Roma giacesse quasi dimenticata, quasi divisa dal resto del mondo. Provai con altri miei amici questo senso che il Papa non fosse abbastanza amato dai cattolici [...]. Sentimmo il dovere di fare [...]. Il nostro programma era riassunto in tre parole: *preghiera, azione, sacrificio*»[26].

2. *Una priorità, la libertà di educazione*

A preoccupare i cattolici italiani non è solo la questione romana. Una istanza li accomuna, al di là delle differenti posizioni che allontanano gli intransigenti da chi vorrebbe una conciliazione tra cattolicesimo e liberalismo: è la battaglia per la libertà di insegnamento, ostacolata nell'Italia unita, sia pure in contraddizione con i diritti di libertà stabiliti dallo Statuto albertino. A tutelarla si levano le voci di molti cattolici, non esclusi alcuni di coloro che hanno appoggiato il Risorgimento. Il caso più eloquente è quello del barone Vito D'Ondes Reggio. In un celebre discorso, tenuto alla Camera il 25 febbraio 1869, egli afferma che «tutti gli uomini hanno, per natura, uguale diritto a manifestare il proprio pensiero, diritto alla libera parola, e perciò uguale diritto d'insegnare»[27].

Negli anni seguenti i cattolici danno vita a numerose associazioni finalizzate a rivendicare la libertà di creare scuole confessionali, in cui i giovani siano formati secondo l'impostazione educativa scelta dalle famiglie. È la battaglia contro il monopolio dello Stato nell'educazione

[26] Cit. in G. De Rosa, *Storia del movimento cattolico in Italia*, vol. I, *Dalla Restaurazione all'età giolittiana*, Laterza, Bari 1966, p. 82.
[27] Cit. in D. Veneruso, *Un «cattolico liberale» italiano: Vito D'Ondes Reggio*, in R. Spiazzi (a cura di), *Enciclopedia del pensiero sociale cristiano*, Edizioni Studio Domenicano, Bologna 1992, p. 571.

dei cittadini e a favore della libertà di insegnamento in ogni scuola di ordine e grado. Proprio per questo nel 1876 viene creata la Lega O'Connell, di cui D'Ondes Reggio è presidente. La formazione dei giovani sembra il migliore investimento, più di quanto non lo sia la lotta contro chi detiene il governo nazionale.

3. *L'Opera dei Congressi e dei Comitati cattolici*

Manca ancora, tuttavia, un organismo unitario che garantisca il coordinamento nazionale delle iniziative cattoliche. Nel 1874 nasce a questo scopo l'Opera dei Congressi e dei Comitati cattolici, per «riunire i cattolici e le associazioni cattoliche d'Italia in una comune e concorde azione, per la difesa dei diritti della Santa Sede e degli interessi religiosi e sociali degli italiani conforme ai desideri e agli eccitamenti del Sommo Pontefice e sotto la scorta dell'episcopato e del clero»[28]. È la realizzazione pratica di un'esigenza assai avvertita, specialmente dopo il *non expedit*, cioè l'invito rivolto da Pio IX ai cattolici italiani perché si astengano dal partecipare alla vita politica.

Fin da subito, però, l'Opera non è pensata come un polo antistatale, connotato solo dalla contestazione al Regno sabaudo e allo Stato liberale. Questo organismo nazionale vuole infatti favorire le espressioni più virtuose della società italiana. Nei congressi organizzati dall'Opera si patrocina il coordinamento e lo sviluppo delle opere di carità e assistenza, delle iniziative di economia sociale necessarie nelle campagne e nelle prime industrie, della stampa cattolica e dei mezzi di difesa contro i soprusi di certo mondo liberale. I cattolici che fanno riferimento all'Opera manifestano la volontà di uscire dalle semplici manifestazioni di protesta, per allargare la propria sfera di influenza in tutti i campi.

Dal 1875 i congressi diventano stabili, si crea un comitato permanente e l'Opera trova diffusione capillare, sotto la guida del presidente Giuseppe Paganuzzi che la trasforma in un'organizzazione efficiente e pronta a cogliere le indicazioni papali. Una rete di comitati, organizzati a livello parrocchiale e diocesano, deve realizzare localmente ciò che si

[28] *Statuto Opera dei Congressi e dei Comitati cattolici in Italia*, art. 1, pubblicato in *Manuale dell'Opera dei Congressi e dei Comitati cattolici in Italia*, Bologna, Ufficio del Comitato generale permanente, 1883, p. 21. Lo Statuto è stato approvato l'8 dicembre 1881.

stabilisce nei congressi. Nel 1897, l'anno di massima espansione, queste unità di base toccano rispettivamente le cifre di 3.834 e 173, con uno squilibrio verso l'Italia settentrionale, dove sono molto più diffuse. Assai presente in Veneto e in Lombardia, meno in Piemonte e poco in Liguria, diffusa anche in Romagna, Emilia e Toscana, l'Opera riesce ad arrivare a fine secolo nell'Italia insulare. Si tratta di un movimento accentrato, ma al tempo stesso esteso e incisivo, la cui strategia è quella di utilizzare i mezzi legali consentiti (libertà di pensiero, stampa, parola, associazione, riunione e petizione) per attuare i propri obiettivi. La cultura intransigente fa nascere giornali, scuole, istituti di credito ed enti con finalità sociali, mentre le vecchie forme religiose cambiano e si rinnovano in profondità. La parrocchia, da luogo di culto, diventa il centro propulsore di molteplici attività e il sacerdote scende dall'altare, entrando nel vivo delle questioni del tempo.

L'Opera dei Congressi si configura dunque come una vasta realtà associativa, fedele al pontefice e promotrice di attività educative, culturali e sociali. Grazie a essa, la questione romana non impedisce ai cattolici di farsi carico di una vera e propria responsabilità civile, che nei fatti ha irrobustito il tessuto sociale unitario. Le divisioni riguardano le autorità e le istituzioni, non il popolo italiano, la cui identità è radicata nella tradizione cristiana. Ben più di tanta ideologia unitaria di stampo laicista o nazionalista, il fervore associativo che mobilita i cattolici partecipa alla costruzione del bene comune.

4. *Il cattolicesimo sociale*

Accanto alle antiche iniziative caritative (come la Società di San Vincenzo de' Paoli) con il tempo nascono nuove realtà socio-economiche di indubbio rilievo: istituzioni assistenziali e creditizie, casse rurali e operaie, società di mutuo soccorso, unioni professionali, circoli giovanili, ricreativi ed educativi, cooperative di consumo e di produzione. «Entriamo nelle scuole, avviciniamoci all'operaio, entriamo nelle officine»[29] è l'invito dell'*Osservatore Cattolico*, una delle voci più ascoltate del cattolicesimo intransigente. Specie sul

[29] Intervento di don Davide Albertario sull'*Osservatore Cattolico*, 29-30 marzo 1879.

finire dell'Ottocento in seno all'Opera dei Congressi nasce e si sviluppa il cattolicesimo sociale, un vasto e articolato movimento diffuso in diversi Paesi europei, in cui confluiscono numerose e assai diverse personalità. Basti ricordare, per l'Italia, Giuseppe Toniolo, Stanislao Medolago Albani, Niccolò Rezzara, Giuseppe Tovini, don Davide Albertario, Filippo Meda, don Romolo Murri e don Luigi Sturzo. Essi ripensano l'impegno dei cattolici nella società, a partire dai due cardini della sociologia cattolica del tempo, la carità e la giustizia sociale, nella convinzione che l'attività caritativa vada integrata da uno sforzo collettivo, capace di incidere nella realtà socio-politica. Le ricorrenti crisi economiche colpiscono duramente lavoratori, contadini e operai: occorrono nuovi strumenti che ne difendano i diritti; occorre poi un'adeguata legislazione sociale, in Italia inesistente, insieme alla possibilità di fondare libere associazioni di lavoratori. Partendo dalle parrocchie, questo movimento aspira a proteggere moralmente e materialmente il mondo rurale, oppresso da povertà, malattie endemiche e analfabetismo, per volgersi poi, tra Otto e Novecento, agli opifici e alle fabbriche.

Questi cattolici si definiscono «integrali» perché vogliono applicare il cattolicesimo a ogni problematica sociale. L'obiettivo è quello di costruire equilibri sociali non sottoposti agli egoismi individuali e ispirati alle direttive dell'enciclica *Rerum novarum*, promulgata da Leone XIII nel 1891. Con essa la Chiesa si distacca dalle posizioni legate a rendite e a poteri costituiti e inaugura una nuova alleanza con i popoli, vale a dire le comunità locali, il popolo minuto, le famiglie, i lavoratori. Il magistero dà voce alla società civile; e il cattolicesimo organizzato si apre agli spazi sterminati della questione sociale, aderendo alle moderne forme di partecipazione, dalle leghe ai sindacati, e da ultimo, perlomeno in Italia, ai partiti politici.

Vi sono, infatti, anche i giovani democratici cristiani, una corrente interna al movimento cattolico, che intende realizzare un sistema democratico ispirato alla dottrina sociale. Il suo programma finisce per avere conseguenze sul comportamento politico dei cattolici. La partecipazione alla vita del Parlamento è infatti la condizione necessaria all'ottenimento delle riforme chieste in ambito agrario e operaio. Il problema di un ordine sociale rinnovato implica l'azione politica dei cattolici. Ne derivano diverse ipotesi in vista di un partito, che lotti al pari degli altri per realizzare il suo programma e che inserisca i cattolici nello Stato, con l'obiettivo di trasformarlo dall'interno, in senso cristiano e popolare. È una sfida sia alla classe dirigente liberale, sia ai socialisti; una sfida che mette a repentaglio l'unità dei cattolici e può preludere a una strumentalizzazione politica dell'Opera dei Congressi. Per evitare rotture clamorose, Pio X la scioglie nel 1904, creando una nuova azione cattolica articolata in tre Unioni (popolare, elettorale ed economica). Non si arrestano, però, né l'azione sociale dei cattolici, né la progettazione di uno strumento politico che permetta loro di farsi carico dei destino dello Stato nazionale. Nel 1905 don Sturzo, a Caltagirone, fotografa la situazione: i cattolici sono ormai «i rappresentanti di una tendenza popolare nazionale nello sviluppo del vivere civile».

5. *Nicolò Rezzara: un'opera che inizia dall'educazione*

Nella zona di Bergamo, grazie a Nicolò Rezzara, si sviluppa un importante movimento sociale di matrice cattolica. Rezzara (1848-1915), da sempre interessato alla questione educativa, ottiene l'abilitazione all'insegnamento secondario presso l'Università di Padova. Dopo essersi fatto terziario francescano, partecipa alla fondazione di alcuni settimanali cattolici (*Il Berico*, *Dono di Pasqua*) e collabora all'Associazione cattolica di Vicenza. Nel 1877, durante il IV congresso organizzato dall'Opera che si svolge a Bergamo, è nominato membro del comitato diocesano dell'Opera e gli viene offerta la possibilità di insegnare letteratura e storia al Collegio Colleoni.

Vicentino di nascita ma bergamasco di adozione, Rezzara promuove la nascita de *L'Eco di Bergamo* (1880) e dimostra la sua versatilità in diversi campi, impegnandosi specialmente nei settori della scuola e della famiglia. L'amicizia sempre più stretta con Giuseppe Tovini e Giambattista Caironi lo porta a fondare il periodico *Libertà d'insegnamento*, che si prefigge di contribuire alla formazione degli insegnanti. Nel 1887 è nominato segretario generale dell'Opera dei Congressi, incarico che mantiene per tutti i successivi dodici congressi, svolgendovi interventi su temi relativi alla scuola, alle organizzazioni professionali e a problemi organizzativi ed elettorali. Il primo giugno 1891 viene legalmente riconosciuto il Piccolo Credito Bergamasco, che Rezzara ha progettato insieme a Medolago Albani. Nel 1896 fonda la Società giovanile di mutuo soccorso. Rezzara è molto attento alla libertà di insegnamento e alla alfabetizzazione dei giovani. La costruzione di una casa del popolo, nel 1908, è solo l'ultima, in ordine di tempo, delle opere da lui promosse.

Rezzara si impegna negli organismi del governo locale, lavorando per la municipalizzazione dei servizi pubblici, e si confronta con problematiche sociali di ampio respiro.

«Dovunque sono organizzate le forze elettorali dei cattolici – sostiene –, non possono non essere comprese la grande importanza e la grande responsabilità che l'esercizio della vita pubblica comporta, quando essa sia intensa non come soddisfazione di amor proprio e di tendenze personali, bensì come adempimento del più alto dovere di cristiano e di cittadino»[30].

La percezione della realtà dei rapporti sociali gli deriva anche dalla conoscenza diretta e personale del socialismo, di cui apprezza qualche elemento relativo alla tecnica di organizzazione sindacale, che pensa di applicare all'associazionismo cattolico[31], Rezzara crede che i cattolici debbano assumere un ruolo politico attivo. Il suo impegno è quello di un cattolico presente su tutti i fronti, che ha fatto delle opere la possibilità di partecipare attivamente alla vita civile del Paese.

6. *Leonardo Murialdo: servire l'uomo e la società per servire Dio*

A Torino un giovane sacerdote discepolo di don Bosco, animatore dell'Opera dei congressi, si distingue per un'azione sociale vivacissima. Don Leonardo Murialdo (1828-1900) ritiene che la fede cattolica possa conciliarsi con un vero patriottismo. A diciotto anni scrive: «Il Risorgimento d'una Italia libera e indipendente senza il cattolicesimo

[30] G. Belotti, *Nicolò Rezzara*, Edizione promossa dal Credito Bergamasco, Bergamo, 1982, p. 150.
[31] L. Trezzi, *Rezzara Nicolò*, in F. Traniello - G. Campanini (a cura di), *Dizionario storico del movimento cattolico in Italia (1860-1980)*, vol. II, *I protagonisti*, Marietti, Casale Monferrato 1982, p. 539.

e il papato perderebbe vigore e fecondità. Per noi l'amore alla Patria si fonda e si identifica con l'amore alla Chiesa»[32]. La preoccupazione civile in Murialdo si coniuga con una sensibilità spiccata per le tristi condizioni di vita dei ragazzi emarginati, senza famiglia e senza lavoro. Murialdo lavora all'educazione dei giovani fin dal 1857, quando don Bosco gli chiede di gestire l'oratorio di San Luigi. Qui viene a contatto con il fenomeno dell'industrializzazione, che provoca l'esodo dalle campagne e crea il proletariato.

L'amore per i giovani lo spinge a interessarsi della loro vita anche al di fuori dei confini dell'oratorio e delle parrocchie. Nel 1866 gli viene affidata la direzione del Collegio degli Artigianelli, piccoli apprendisti e operai di cui cura la crescita umana e l'istruzione professionale. Numerosi giovani rinascono da questa esperienza: una volta usciti dal collegio, i loro servizi sono tra i più richiesti in città. «Lo scopo principale, dopo l'educazione religiosa, è di procurare ai giovani un'arte che li ponga in stato di procacciarsi il sostentamento e un'onesta posizione nella società»[33]. Per continuare a sostenere i ragazzi usciti dal collegio e per permettere loro di continuare a studiare, pur lavorando, don Murialdo fonda nel 1878 una casa-famiglia per i giovani operai.

«Quando penso che tutti voi avete un destino così alto, così importante, che siete eterni [...], mi sento impegnato a mettermi proprio di buon volere a fare quanto posso per aiutarvi in questa grande opera». È questa fede in un destino buono per ogni uomo che porta Murialdo a rischiare del proprio per dar vita a molte iniziative a favore degli ultimi. Nel 1869 invia al governo Lanza-Sella una petizione per una legislazione normativa del lavoro dei fanciulli e delle donne in fabbrica, che tuttavia viene insabbiata[34]. Nel 1871 fonda l'Unione degli operai cattolici, anticipando lo spirito della *Rerum novarum*. Murialdo intuisce che c'è bisogno di portare Cristo nelle fabbriche, dove gli operai vengono spesso trattati «al pari delle bestie».

[32] F.M. Azzalli, *Luoghi della santità nella Torino del XIX secolo*, in L. Scaraffia (a cura di), *I cattolici che hanno fatto l'Italia*, cit., p. 77.
[33] C. Fasano, *Murialdo Leonardo*, in F. Traniello e G. Campanini (a cura di), *Dizionario storico del movimento cattolico in Italia (1860-1980)*, vol. II, *I protagonisti*, cit., p. 410.
[34] F.M. Azzalli, *Luoghi della santità nella Torino del XIX secolo*, cit., pp. 81-89.

«Noi ci consacriamo all'apostolato operaio sospinti dalla dignità umana e soprannaturale dell'operaio stesso e dei suoi destini eterni. Ci interessiamo della sua vita, della sua salute, della sua istruzione, del suo lavoro, delle sue associazioni, del suo onore, dei suoi figli, della sua libertà, delle sue aspirazioni di giustizia, ma soprattutto della sua anima immortale»[35].

È la prima associazione cattolica operaia italiana, da cui nascono varie opere di aiuto ai lavoratori: una Cassa di mutuo soccorso, il Collocamento operai, i Magazzini alimentari, la Cassa pensioni e previdenza, le Banche popolari.

Ma per Murialdo non è abbastanza. Da uomo pienamente consapevole del proprio tempo, capisce che la stampa può incidere negativamente sull'opinione pubblica e decide di impegnarsi per far sì che questo strumento collabori alla cristianizzazione della vita civile. Nel 1876, da una sua idea, nasce il *Bollettino delle Unioni* (più tardi *La voce dell'operaio*) primo periodico italiano interamente concepito per gli operai. Inoltre fonda un'associazione per la Buona Stampa, tramite la quale crea 94 biblioteche itineranti per diffondere edizioni di spirito cristiano. Don Murialdo è stato canonizzato da Paolo VI nel 1970.

[35] C. Fasano, *Murialdo Leonardo*, cit., p. 411.

IV. UN *WELFARE* PRIMA DEL *WELFARE*?

I santi piemontesi dell'Ottocento

Torino, la prima capitale dell'Italia unita, investita da un processo di modernizzazione che provoca drammatiche emergenze sociali, è anche la città in cui si scorgono esempi illuminanti di santità declinata al sociale. «È stato accertato che i santi, i beati e le persone in via di beatificazione nativi od oriundi piemontesi dell'800 sono circa 90; altri 150 sono per così dire in 'lista d'attesa': non si trova altro esempio nella storia della Chiesa di una tale concentrazione in una regione e, ancor più precisamente, in una città»[36]. È una santità connotata dall'unità profonda tra le persone che l'hanno alimentata. Tale fenomeno è da collegare al modo con cui la Chiesa torinese ha vissuto le sollecitazioni del periodo della Restaurazione e del Risorgimento e a come ha educato la popolazione e il clero. Il movimento delle Amicizie cristiane per molti sacerdoti e laici è stato un alveo decisivo di educazione e di ispirazione per l'azione. Proprio in tale ambito si può rileggere la vicenda dei santi sociali piemontesi, come la storia di amicizie fra cristiani che si intrecciano in proficui rapporti di sostegno e di aiuto reciproco. La santità piemontese dell'Ottocento risulta così non solo identificabile in alcune figure carismatiche eccezionali, ma esprime un più diffuso movimento caratterizzato dal desiderio di vivere e di proporre l'esperienza della fede in modalità adeguate alle sollecitudini del tempo.

Non si può tuttavia pensare a queste centinaia di persone come ad attori di una storia parallela al Risorgimento nazionale, se non addirittura come a nemici del processo unitario. Una fitta trama di relazioni li collega al mondo politico subalpino. È un mondo che giudicano con lucidità, senza fermarsi alle contrapposizioni ideologiche del tempo. Non c'è preclusione aprioristica al nuovo, così come non c'è traccia della retorica unitaria. I cattolici, del resto, pur criticando lo Statuto albertino, non esitano a servirsene per difendere le loro opere. Le diverse iniziative, pur senza un riconoscimento e un sostegno esplicito da parte delle istituzioni statali, incidono profondamente sul tessuto sociale, trovando con il tempo spazio adeguato anche a livello pubblico e anticipando molti

---

[36] F.M. Azzalli, *Luoghi della santità nella Torino del XIX secolo*, cit., p. 56.

interventi del successivo *Welfare state*. L'antica opera caritativa della Chiesa può quindi continuare, calibrando le forme di presenza in rapporto al nuovo quadro legislativo e alle esigenze maturate nella società italiana.

È la straordinaria stagione dei cosiddetti «santi sociali». Afferrati da Cristo e provocati dalla realtà che vivono quotidianamente questi uomini – forti della tradizione della Chiesa – fondano opere sociali, costruiscono ospedali, creano scuole. In poco più di cent'anni rimodellano Torino e non solo. La passione per la realtà, che li caratterizza, non si ferma ai confini della città e neppure a quelli dello Stato unitario. La loro opera si diffonde rapidamente in tutta la penisola. I salesiani di don Bosco fondano scuole e laboratori nel Mezzogiorno e, dopo il 1870, anche a Roma. L'impeto missionario dei santi sociali valica le frontiere italiane e si spinge fuori dall'Europa. Molti i viaggi all'estero e i contatti con personalità europee, attivo il riferimento all'opera di Ozanam a Saint-Sulpice. Don Bosco invia missionari in America Latina, Faà di Bruno ha rapporti con la comunità scientifica internazionale, a Cottolengo viene conferito il riconoscimento Montyon e Franklin.

1. *Giuseppe Benedetto Cottolengo (1786-1842)*

Il 2 settembre 1827 il canonico e teologo Cottolengo viene chiamato in un albergo di Torino al capezzale di una donna incinta morente. Dopo l'incontro, del tutto imprevisto, egli comprende la sua vocazione: servire i malati e i sofferenti. Affidandosi completamente alla Divina Provvidenza il Cottolengo prende contatti con le famiglie dei malati, costruendo famiglia per famiglia una vera e propria città nella città. Il suo obiettivo non risiede tanto nel sanare una patologia, ma nel prendersi cura della persona del malato nel suo complesso. Non è un caso che ancora oggi la Piccola casa della Divina Provvidenza accolga i malati «incurabili».

2. *Carlo Tancredi Falletti (1782-1838) e Giulia Colbert (1785-1864), marchesi di Barolo*

Sposati a Parigi, alla presenza di Napoleone Bonaparte, i marchesi di Barolo appartengono a due tra le più ricche e influenti famiglie europee. Sanno però vivere la fede nella quotidianità, andando incontro da laici ai bisogni degli ultimi. Non hanno figli: adottano i poveri di Torino.

Carlo Tancredi, sindaco di Torino ed educatore, si prodiga per migliorare la condizione della gioventù, costruendo scuole di ogni genere e grado e aprendo nella sua casa uno dei primi asili d'infanzia d'Italia, per i bambini delle operaie altrimenti abbandonati nelle vie della città. Giulia, «madre dei poveri» (come veniva chiamata), spende tutta la vita a favore delle donne in difficoltà. Questo il suo motto: «Gloria a Dio, bene al prossimo, croce a noi».

Tra le donne che Giulia aiuta vi sono le carcerate, con le quali instaura un rapporto privilegiato. Entra nelle celle e insegna alle detenute a leggere e scrivere. Giulia contribuisce in maniera significativa alla riforma carceraria e lavora per il recupero e il reinserimento sociale delle detenute. Costruisce una serie di opere perché queste donne, vissute ai margini della società, possano rifarsi una vita uscendo dal carcere. Alcune di loro si faranno suore nel monastero delle Maddalene (fondato da Giulia), altre saranno reinserite nella società con un lavoro dignitoso.

3. *Giuseppe Cafasso (1811-1860)*

Il Cafasso non ha fondato nulla, non esalta un carisma particolare. È un sacerdote che dal 1836 al 1860 (quando muore) insegna al Convitto ecclesiastico di Torino formando numerosi giovani sacerdoti, tra cui Giovanni Bosco. La missione educativa del Cafasso si estende anche all'apostolato nelle carceri, dove si fa compagno dei più miserabili: i condannati a morte, che «il prete della forca» accompagna fino al patibolo. Oggi Giuseppe Cafasso è patrono dei carcerati.

4. *Giovanni Bosco (1815-1888)*

Il Cottolengo un giorno disse a don Bosco, prendendo tra le dita la sua tunica: «È troppo leggera. Procuratevi una veste più resistente perché molti ragazzi si appenderanno a questo abito». E così accadde. Per rispondere alla molteplicità dei bisogni della gioventù torinese (e italiana), don Bosco inventa un'impressionante serie di opere.

Nel 1841 fonda l'oratorio per avvicinare i ragazzi di strada al mistero cristiano. L'esperienza educativa degli oratori si rivela fecondissima.

Don Bosco intuisce la necessità di insegnare un mestiere ai figli degli indigenti: nascono così scuole serali e laboratori di vario tipo (quello di legatoria vince un premio all'esposizione generale del 1884).

«Non meno di 100.000 giovanetti assistiti, raccolti, educati con questo sistema, imparavano chi la musica, chi la scienza letteraria, chi arti o mestieri, e sono divenuti virtuosi artigiani, commessi di negozio, padroni di bottega, maestri insegnanti, laboriosi impiegati, e non pochi coprono onorifici gradi nella milizia. Molti anche, forniti dalla natura di non ordinario ingegno, poterono percorrere i corsi universitari e si laurearono in lettere, in matematica, medicina, legge»[37].

Lo straordinario carisma di don Bosco non si limita agli angusti confini di Valdocco. I salesiani (da lui fondati) viaggiano per il mondo e molti – con don Bosco ancora in vita – sono missionari in Sud America.

5. *Francesco Faà di Bruno (1825-1888)*

Nobile, ufficiale del regio esercito, inventore e scienziato, docente di fama internazionale nell'ateneo torinese, Francesco Faà di Bruno promuove a Torino una «città della donna». Nel quartiere operaio di San Donato apre un conservatorio per le donne che arrivano dalle campagne. Sotto la speciale protezione di santa Zita il conservatorio non si limita ad accogliere le ragazze, ma le educa professionalmente.

Osservando con il suo telescopio le stelle, il Faà di Bruno intravede un ordine che trascende la ragione umana. Ma non è solo un teorico: inventa oggetti di pubblica utilità quali, tra gli altri, lo «svegliarino» elettrico, la lavanderia modello e i fornelli economici.

[37] G. Dacquino, *Psicologia di don Bosco*, SEI, Torino 1988, p. 191.

V. L'ASSOCIAZIONISMO BORGHESE E LA FORMAZIONE DEL CITTADINO

All'indomani del compimento del processo di unificazione si avverte la necessità di consolidare l'etica civile degli italiani, per sostenere dal basso la realtà politica creata dal Risorgimento e darle slancio verso i traguardi di modernità e progresso impliciti nell'idea stessa di «rivoluzione nazionale». Nel Paese si assiste a un fiorire di proposte associative che, pur perseguendo interessi particolari, sono tese a promuovere un modello di virtù civica entro dinamiche sostanzialmente democratiche. In questo modo sussidiano l'insufficiente vitalità delle istituzioni dello Stato e la scarsità di mezzi della sua primaria agenzia formativa, la scuola. Attraverso queste diffuse e articolate forme di socialità, i ceti piccolo e medio borghesi in ascesa sono incoraggiati a impiegare il proprio tempo libero in senso eticamente proficuo, in attività dallo spiccato carattere formativo e in ambiti dove ottengono la riconoscibilità sociale che ricercano. Il mito della «Terza Roma» si traduce, anche per questa via, in una pedagogia civile che ha segnato la mentalità delle classi medie otto-novecentesche, di quelle borghesie dell'impiego e del diploma (prima ancora che dell'industria), le cui speranze di affermazione dipendono più direttamente dallo sviluppo della grandezza nazionale. Nel tempo libero le istanze individuali (borghesemente utilitaristiche, ma non in senso solo economico) convergono nel grande obiettivo comune dell'educazione nazionale.

1. *Lo sport a servizio della Nazione*

Le pratiche ginnico-sportive sono tra le più efficaci sia per costruire concretamente quel cittadino-soldato, abile alle armi e coraggioso, che il Risorgimento ha vagheggiato, sia per riassumere ed esprimere i valori di dinamismo e progresso tipici della società industriale. L'educazione del corpo e, attraverso di esso, dello spirito (segnatamente della volontà) è finalizzata a sostenere le sfide che la modernità – secondo il ragionamento darwinistico tipico del tempo – pone agli individui e alle collettività. Il velocipedismo, il podismo, l'escursionismo e poi l'automobilismo sono finalizzati al progresso nazionale. «Non saremo col progresso, noi ora eminentemente progressisti, se in cima ai programmi delle nostre associazioni non scriveremo: *Utilità-Educazione*»[38], si scrive nella rivista *La Bicicletta*.

I sodalizi sportivi, dai nomi significativi come «Pro Patria», diventano ambiti cruciali di un apprendistato civico concreto, ben diversi dai vecchi circoli familistico-cetuali della nobiltà per il carattere tendenzialmente inclusivo, e non esclusivo, che li connota, e che deriva dall'idea di una discendenza comune dalla stessa Madre-Patria.

2. *L'Italia viaggia. Il Touring Club*

Vicenda in questo senso esemplare è quella del Touring Club Italiano e del suo dirigente più autorevole e attivo, Luigi Vittorio Bertarelli, nel quale si incarna l'ideale del turista come uomo che, viaggiando, partecipa ed è fautore del progresso sociale, anche grazie alle potenzialità che i nuovi mezzi tecnologici di trasporto individuale – innanzi tutto la bicicletta, «cavallo della democrazia» –, forniscono a numeri sempre più vasti di cittadini.

Il Touring, nato nel 1894 e presieduto da Bertarelli dal 1919 al 1927, dà al Paese la sua prima rappresentazione cartografica popolare ma scientificamente irreprensibile, basandosi sulle informazioni raccolte attraverso il concorso volontario di migliaia di soci in tutta Italia e il lavoro indefesso, e altrettanto gratuito, dei redattori nella sede centrale di Milano. Il Tci fornisce anche altri strumenti di conoscenza del territorio con le *Guide Rosse* e con le centinaia di miglia di copie delle sue riviste; e poi i mezzi per percorrerlo come i primi cartelli stradali, la prima autostrada (quella del Laghi) e, ancora, stimolando la costruzione di strade moderne con studi e progetti e realizzando una rete di distribuzione dei carburanti. Con tutte queste iniziative il Touring fornisce un contributo originale e incisivo all'opera di nazionalizzazione e di modernizzazione degli italiani, propagando le informazioni sul Paese e le indicazioni su come propiziarne il progresso. È un modo peculiare di guardare l'Italia per «amarla». Così afferma Bertarelli:

«Io conosco, signori, una gioventù italiana che dai litodomi e dalle

[38] (O.R.), «Il ciclismo e l'avvenire», in *La Bicicletta*, 30 novembre 1895.

ostriche sembra aver ereditata una immobilità di roccia, la quale non si allontana mai dal patrio campanile, forse pensando che l'ombra di questo sia tanto scura da confondere e cancellare la macchia della sua ignavia. Questa gioventù antidiluviana, noi andiamo sgretolandola poco a poco. Le onde, i frangenti qualche volta furiosi della nostra propaganda, battono in breccia i suoi tardi ozi. Noi, taumaturghi, operiamo delle conversioni miracolose: della gioventù italiana, tarda e troppo spesso confitta alla propria gleba, facciamo coorti di viaggiatori [...]. Orbene, signori, noi tutti qui presenti, che facciam parte di quel corpo eletto che vanta la gloria di una azione ormai settennale pel movimento degli italiani [...] dobbiamo dirigere i nostri sforzi a che il viaggio non sia più una semplice traslazione, ma sia davvero uno studio, uno studio della nostra Patria [...]. Dobbiamo, soprattutto, signori, abituare la nostra gioventù a intendere *l'anima del nostro Paese*. Perché il Paese ha un'anima, lo sapete. Sfuggevole, fluida, nascosta, ma onnipresente. E l'arte, la scienza meritoria del turista è di scoprirla quest'anima, di interrogarla, di intrattenersi con essa [...]. È dover nostro, signori: perché il giorno in cui per ogni dove noi vedremo, col veggente spirito, disegnarsi intorno a noi, fantasima custode e radiosa, l'antica e fortissima anima latina, e giù attraverso i tempi ne rivedremo i contorni ridisegnarsi più belli e più civili nei secoli d'oro del primo risorgimento, quel giorno, o signori, nel cospetto di tante lontane grandezze, noi trarremo forza e sprone a rinvigorire in oggi il secondo nostro risorgimento! [...] Signori, cercavo l'anima italiana! Quale grande spettacolo di fraternità e di pensiero e di salda vita fisica abbiamo noi qui! Signori, nel cospetto di questo grande e salutare spettacolo, io, in questo istante, modesto ma convinto filosofo del Touring, non più esclamo come l'immortale geometra siracusano, datemi un punto d'appoggio e solleverò il mondo, ma bensì: datemi l'appoggio del sentimento, datemi l'anima, infine, e con questa [...] sì, l'Italia – e il Touring l'aiuterà – l'Italia farà gli italiani!»[39].

Istituzioni come il Touring (ma altrettanto si potrebbe dire del Club Alpino Italiano, nato a Torino nel 1863 per l'iniziativa, fra gli altri, di Quintino Sella; o dei numerosi club ginnico-sportivi) appartengono a quegli ambiti dove matura e si esprime una religiosità civile imperniata sui principi della razionalità scientifica, del progresso e del culto della Nazione.

[39] L.V. Bertarelli, «La missione del Touring Italiano», in *Il Resto del Carlino*, 28-29 maggio 1901.

VI. UNA NUOVA SOLIDARIETÀ

1. *Dal solidarismo alla legislazione sociale*

In un contesto socio-economico di povertà e insicurezza di vita, in cui il lavoro perde la dimensione artigianale e diventa merce, socialisti e cattolici (in particolare i giovani democratici cristiani) si fanno promotori di un solidarismo che superi le opere di carità. Mancano ancora coperture legislative o contrattuali di fronte a eventi come la malattia, l'infortunio e la disoccupazione. Tra i gruppi sociali più svantaggiati sono assai diffuse le malattie legate a un'alimentazione insufficiente. L'enciclica *Rerum novarum* sollecita il rinnovamento dell'impegno sociale cattolico, mentre una nuova cultura laica (mazziniana, socialista, internazionalista, anarchica) diffonde la coscienza del diritto a una maggiore giustizia sociale.

Nella seconda metà dell'Ottocento si sviluppano così:

- *società di mutuo soccorso,* i cui aderenti, tramite il versamento periodico di modiche somme di denaro, si assicurano vicendevolmente sussidi in caso di malattia e invalidità, oltre a occasioni di istruzione e di svago;
- *casse rurali,* allo scopo di fornire prestiti alle popolazioni contadine, sottraendole all'usura, in risposta al mancato funzionamento del sistema di credito fondiario e agrario creato con i provvedimenti pubblici. I contadini non possono accedere ai finanziamenti dei tradizionali istituti di credito o delle più moderne banche popolari, di ispirazione luzzattiana: anche queste ultime pretendono garanzie che le classi meno abbienti non sono in grado di offrire. Proprio per questo è molto diffusa l'usura, con tassi fino al 200%. Lo sviluppo delle casse rurali è notevole, soprattutto a partire dagli anni Novanta, ma è concentrato in alcune regioni: Veneto, Lombardia, Piemonte, Emilia, Toscana e Sicilia;
- *imprese cooperative* nel campo della produzione e del lavoro, della trasformazione dei prodotti agricoli e del consumo. In particolare le Unioni rurali permettono al piccolo produttore di acquistare a prezzi inferiori concimi chimici, antiparassitari e macchine. Latterie sociali, cantine sociali e distillerie si occupano della trasformazione dei prodotti agricoli. La cooperazione permette poi di collocare più

facilmente i prodotti della terra sul mercato. È presente anche un cooperativismo borghese, che si manifesta attraverso la creazione di consorzi agrari, per iniziativa dei possidenti più illuminati e dei grandi affittuari;

- *camere del lavoro* di ispirazione socialista (le prime due sorte nel 1891 a Milano e a Torino) e *segretariati del popolo*, promossi dai cattolici. Le camere del lavoro, organi territoriali diffusi in tutta Italia per coordinare le iniziative delle leghe che operano a livello cittadino, svolgono funzioni di unificazione della classe operaia, gestiscono il collocamento e assistono nelle controversie di lavoro. I segretariati del popolo non svolgono azioni sindacali, ma fanno opera di collocamento e di patronato (con assistenza legale e conciliazione nelle controversie);
- *leghe di resistenza*, che rivendicano una contrattazione collettiva dei salari e dell'orario di lavoro, cercando soprattutto di impedire il peggioramento delle condizioni lavorative e il mancato rispetto delle tariffe concordate per retribuire i lavoratori.

Simili esperienze, capillarmente diffuse nel Paese, seppure in prevalenza nelle regioni settentrionali, producono un concreto miglioramento delle condizioni di vita per molte famiglie: all'inizio del nuovo secolo gli iscritti a società di mutuo soccorso sono oltre 900 mila, circa 900 le casse rurali e oltre 2000 le cooperative.

La borghesia liberale approva e talora sostiene filantropicamente le iniziative che promuovono l'elevazione morale e materiale della popolazione, benché non manchino manifestazioni di chiusura, se non di ottusità. Contro «l'inibizione dei lavori risicoli a tutti i fanciulli sotto i 15 anni, e a tutte le ragazze minorenni, e la limitazione delle ore per tutte le donne», ha scritto ad esempio, nel 1902, un membro dell'ordine dei medici della provincia di Novara:

«Ma è veramente insalubre il lavoro della risaia preso per se stesso? [...] In mandamenti in piena ed esclusiva risicultura il numero dei riformati per deficiente sviluppo toracico è quasi uguale a quello dei mandamenti sani e con agro coltivato con altri cereali [...]: circa 37%. Quest'ultima percentuale di giovani a deficiente sviluppo organico se non è la più bassa d'Italia, è però ben lontana da quella che ci vien data dai lavoratori delle miniere e delle zolfatare della Sicilia. [...] Se adunque non è la fatica del lavoro per se stesso, che possa alterare lo sviluppo dei nostri fanciulli [...] perché sottrarli a un lavoro che apporta tanto benessere alle loro famiglie e che è indispensabile alla floridezza di una tra le più intraprendenti e attive provincie del Regno?»[40].

Lo Stato italiano risponde alle sollecitazioni provenienti dalla società civile alternando atteggiamenti di interesse e di sospetto, di incoraggiamento e repressione. Nel maggio 1898 a Milano, come già in altre città, scoppiano tumulti a seguito dell'aumento del prezzo del pane. Viene proclamato lo stato d'assedio e deciso l'intervento militare. Le truppe del generale Bava Beccaris sparano sulla folla: 100 morti e 500 feriti. Segue una dura repressione: le associazioni socialiste e cattoliche vengono chiuse. Sono colpiti anche radicali e repubblicani. La stessa sorte tocca a casse rurali, banche, camere del lavoro, cooperative e giornali. Don Davide Albertario, leader dell'intransigentismo milanese, finisce in carcere con Filippo Turati. Combattendo le tendenze autoritarie presenti nel governo, cattolici e socialisti prendono ancor più coscienza del valore delle libertà civili.

Temute e osteggiate dalla classe dirigente sono soprattutto le istanze più esplicitamente connotate in senso sindacale e politico. Lo Statuto albertino garantisce l'esistenza e la diffusione di un tessuto associativo, prevedendo la libertà di associazione. Tuttavia, nei primi quarant'anni del Regno, sono varate diverse leggi limitative della libertà, per reprimere eventuali minacce interne: la cosiddetta «legge dei sospetti» (1871) rende possibili migliaia di condanne al domicilio coatto, che colpiscono anche membri di società di mutuo soccorso sospettate, appunto, di mire eversive; nel 1894 il Partito socialista dei lavoratori italiani (futuro Partito socialista italiano) è dichiarato fuori legge.

Se l'interesse per il fenomeno del mutuo soccorso è stato vivo sin dai primordi dello Stato italiano – risale al 1862 il primo censimento relativo al fenomeno – è la cooperazione l'ambito che riscontra la maggior attenzione da parte del legislatore: il Codice di commercio del 1882 introduce la cooperativa tra le tipologie societarie; la legge

[40] *La risaia ed il lavoro delle donne e dei fanciulli. Relazione del dottor Clemente Ferraris all'Ordine dei Medici della Provincia di Novara. Assemblea generale 22 dicembre 1902*, in Archivio per la storia del movimento sociale cattolico in Italia «Mario Romani», fondo *Lotta nelle campagne (materiale vario)*, f. 3.

n. 6216 del 1889 ammette le cooperative agli appalti dei lavori pubblici; e dal 1903, in seguito alla creazione del Consiglio superiore del lavoro, le diverse istituzioni legate alla cooperazione, in particolare quelle riunite nella Lega delle cooperative di ispirazione socialista, trovano un luogo ufficiale ove poter esprimere le loro esigenze di fronte al governo.

Con l'inizio dell'età giolittiana, il referente politico comincia a porsi non più come garante degli interessi della classe imprenditoriale, ma come mediatore dei contrasti sociali. Esemplificativo è un discorso tenuto da Giolitti alla Camera nel febbraio del 1901, in risposta allo sciopero pacifico di 20.000 portuali provocato dalla soppressione della Camera del lavoro di Genova:

«Ora queste Camere di lavoro che cosa hanno in sé di illegittimo? Esse sono le rappresentanti di interessi legittimi delle classi operaie. [...] Perché dunque il governo adotta il sistema di osteggiarle sistematicamente? [...] Solo tenendosi completamente al di fuori di queste lotte fra capitale e lavoro lo Stato può utilmente esercitare una azione pacificatrice, talora anche una azione conciliatrice, che sono le sole funzioni veramente legittime in questa materia»[41].

Via via le sollecitazioni dal basso trovano accoglienza a livello di normativa statale e ciò produce un vero salto di qualità, mentre la legislazione sociale fa notevoli progressi. Come ha osservato nel 1908 Luigi Luzzatti, a proposito delle assicurazioni contro gli infortuni sul lavoro: «Da qualche migliaio di assicurati liberi, l'obbligatorietà ci ha portato oggi a due milioni di assicurati»[42].

2. *Diversi modelli di azione sociale*

Le differenze tra l'azione sociale cattolica e quella socialista sono molteplici: nelle campagne i cattolici si rivolgono prevalentemente ai coloni e ai mezzadri, sostenendone le aspirazioni alla proprietà della terra o almeno a una maggiore autonomia imprenditoriale, attraverso

[41] Discorso di Giolitti alla Camera, 4 febbraio 1901, cit. in A. Desideri, *Storia e storiografia*, vol. III, *Dalla prima guerra mondiale alle soglie del Duemila*, D'Anna, Messina-Firenze 1992, p. 20.
[42] Cit. in L. Gheza Fabbri, *Solidarismo in Italia fra XIX e XX secolo. Le società di mutuo soccorso e le casse rurali*, Giappichelli, Torino 2000, p. 120.

una revisione dei patti colonici che allunghi la durata dei contratti e riduca gli oneri in natura e in giornate lavorative che gravano sulla famiglia contadina. I socialisti hanno come base il mondo bracciantile e del salariato, più facilmente incline ad aderire ai modelli di collettivizzazione e di abolizione della proprietà privata.

In molti settori dello sviluppo economico la presenza cattolica corrisponde, più del catastrofismo dei socialisti rivoluzionari, alle caratteristiche dell'economia nazionale: le organizzazioni economiche bianche sono attente a un equilibrio sociale ancora incentrato sulla struttura agricola e si muovono con realismo, arginando il pauperismo e garantendo la sopravvivenza dei singoli e dei gruppi. Contribuiscono cioè alla modernizzazione italiana così come è stata, lenta, discontinua e contraddittoria. I socialisti, invece, per ragioni ideologiche, sono quasi del tutto assenti nell'azione di supporto ai piccoli ceti rurali.

Nel settore delle casse rurali l'azione cattolica raggiunge presto la preminenza: nel 1897 le casse cattoliche sono 779 contro 125 casse neutre. Il comune sentimento religioso dei soci facilita la creazione di un clima di fiducia reciproca. Inoltre le casse confessionali possono contare su un rapporto privilegiato con varie istituzioni bancarie cattoliche.

Anche in campo cooperativo le differenze sono notevoli: mentre i cattolici non pongono pregiudiziali alla cooperazione, i primi esperimenti cooperativi realizzati dai socialisti in Emilia e in Romagna devono affrontare un certa diffidenza all'interno del Partito. Sono sospettati di veicolare nel popolo non una coscienza proletaria, ma le avversate logiche capitalistiche. Pur in presenza di punti di vista diversi, generalmente sia i socialisti sia gli anarchici contestano il cooperativismo borghese e cercano di convogliare i consensi dei lavoratori verso forme di resistenza, sostenendo la necessaria sottomissione del fenomeno cooperativo a quello sindacale. Il cooperativismo non è però del tutto respinto: in alcuni casi è interpretato come un mezzo utile per superare il capitalismo. Alcuni anarchici meridionali promuovono cooperative per dare lavoro a operai disoccupati. Il rifiuto della cooperazione borghese non blocca poi i socialisti, che si introducono nelle strutture di organizzazione che essa si è già data. Al primo congresso della Federazione delle cooperative italiane, i socialisti sono presenti e cercano di portare avanti un'azione di disturbo delle posizioni liberali. Nel movimento cooperativo continuerà a esistere una consistente presenza socialista, collegata al partito e avallata dai programmi politico-amministrativi che i socialisti sostengono a livello locale. Nelle «cittadelle rosse» di Emilia e Romagna si fondono politica, resistenza e cooperazione. Il movimento cooperativo si sviluppa a partire dalle spinte locali, che trovano il loro referente nel municipalismo. Le opposizioni al cooperativismo vengono invece dalla dirigenza sindacale rivoluzionaria.

Nelle lotte sindacali l'operato dei cattolici – rappresentativi del 34% del movimento in Lombardia, ma solo del 13% su base nazionale, secondo dati del 1911 – si differenzia da quello socialista per una maggiore cautela nel ricorso allo sciopero e per la sperimentazione di forme di composizione pacifica dei conflitti.

Con l'avvio della rivoluzione industriale in Italia, tra la fine dell'Ottocento e l'inizio del nuovo secolo, l'abbandono dell'associazionismo intercategoriale e l'avanzamento di precise rivendicazioni da parte dei lavoratori (soprattutto in termini di salari minimi e di contenimento dell'orario di lavoro) segna il passaggio dal solidarismo delle società operaie al sindacalismo delle federazioni di mestiere delle leghe di resistenza. Sui metodi di conduzione delle lotte contadine e operaie, che si intensificano nel clima di maggiore libertà garantito dai governi giolittiani e che si accentuano in occasione delle ricorrenti crisi economiche, si confrontano due modelli di sindacalismo: quello rivoluzionario (anarchico e socialista massimalista), che punta sullo spontaneismo della piazza e sullo sciopero generale politico e di solidarietà; e il modello riformista (socialista e cattolico), che prevede unioni categoriali di lavoratori e azioni rivendicative programmate e disciplinate, non necessariamente accompagnate da astensioni dal lavoro.

Tra le organizzazioni sindacali socialiste e cattoliche vi sono spesso forti contrapposizioni. I conflitti si devono a profondi contrasti ideologici e all'anticlericalismo dei dirigenti del movimento operaio italiano. Talora, però, nascono esperienze di unità di azione. La Lega democratica nazionale, fondata da Romolo Murri nel 1905, aderisce alla Confederazione generale del lavoro. La CGL è nata a Milano nel 1906. L'esperienza delle camere del lavoro ha conferito vigore al sindacalismo socialista. La nuova struttura federativa, sorta per unificare e coordinare le forze operaie, è guidata dal riformista Rinaldo Rigola, cui nel 1918 si sostituirà Ludovico D'Aragona. Alla sua fondazione partecipano 700 delegati in rappresentanza di oltre 80 camere del lavoro e di circa 200.000 aderenti. La CGL punta al miglioramento delle condizioni di vita dei lavoratori italiani, attraverso lo sviluppo della legislazione sociale e la diffusione della contrattazione collettiva. La sua struttura si articola in modo verticale, con le federazioni di categoria che tutelano gli interessi dei lavoratori occupati nei diversi settori produttivi, e orizzontale, con le camere del lavoro che si occupano delle questioni locali. Sino al primo dopoguerra la Confederazione, cui spetta il compito di direzione generale del movimento, sarà guidata dai riformisti.

3. *Casse rurali*

La prima cassa rurale italiana nasce nel 1883 a Loreggia (Padova), a opera dell'economista filantropo Leone Wollemborg. Le casse rurali sono organizzate da benefattori massoni o liberal-democratici. In campo cattolico la prima cassa rurale è fondata nel 1892 da don Luigi Cerutti (1865-1932) a Gambarare, in provincia di Venezia. Già al IX congresso cattolico di Vicenza (1891) don Cerutti sprona i cattolici a istituire casse rurali per «salvare i contadini dalla miseria e dal socialismo». Lo spirito di iniziativa del sacerdote, fondatore anche della prima cassa operaia (1898), e la sua instancabile attività favoriscono la veloce diffusione delle casse rurali nel nord Italia. Molte sono collegate all'Opera dei Congressi. Don Cerutti viaggia in tutta Italia, per propagandare le iniziative cattoliche in campo sociale.

Le casse rurali sono spesso l'unico aiuto alle popolazioni contadine duramente colpite dalla crisi agraria degli anni Ottanta. I fini delle casse rurali sono spiegati in alcuni opuscoli informativi:

«Redimere l'agricoltore dall'usura; dargli il mezzo di provvedere a una coltivazione razionale della terra, mettendo a sua disposizione il capitale a convenienti condizioni; porlo in grado di non dovere precipitare le vendite dei suoi raccolti, e nel medesimo tempo toglierlo all'isolamento, avvicinarlo ai proprietari e spingerlo al miglioramento morale».

La cassa rurale ha alcune caratteristiche: la cattolicità dei membri, la circoscrizione locale come garanzia di fiducia, la solidarietà illimitata, l'esclusione di ogni capitale azionario. L'obiettivo è quello di responsabilizzare i contadini e di favorire la solidarietà. Si tratta infatti di una forma di cooperazione di credito che punta sulla responsabilità solidale e illimitata dei soci, sull'indivisibilità del capitale sociale (obbligatoriamente reinvestito in attività), sulla gratuità degli uffici e sulla territorialità (per diventare soci è richiesta la residenza). Si vuole evitare che i contadini siano costretti a emigrare in città, con la conseguenza di una perdita di risorse (anche morali) gravissima per le campagne italiane. Dalla cassa rurale di Gambarare nasceranno molte altre iniziative, tra cui un caseificio sociale, una società per gli acquisti collettivi, una cooperativa di consumo e una società di assicurazione del bestiame e sui raccolti.

VII. LA POLITICA DAL BASSO. IL MUNICIPALISMO

Negli ultimi anni dell'Ottocento e in età giolittiana si sviluppa la presenza delle opposizioni antiliberali nelle amministrazioni locali. Per i cattolici l'astensione politica, raccomandata dal *non expedit*, non significa separatezza e disimpegno, ma prepara a una ragionata penetrazione nel Paese attraverso i canali dell'impegno amministrativo. Soprattutto in alcune regioni, i cattolici entrano negli enti locali, che si rivelano luoghi importanti di apprendistato alle responsabilità civili e di salvaguardia delle opere sociali ed educative. Parallelamente si apre il confronto con altre componenti politiche, come i repubblicani e i socialisti, che non hanno partecipato alla fase unitaria ma ora si affacciano nelle fabbriche, nelle piazze e in Parlamento. È così che prende corpo un contrastato ma effettivo processo di formazione di una cittadinanza comune, che partendo dal basso arriva a lambire l'Italia ufficiale. Nelle amministrazioni locali sono presenti gruppi sociali nuovi, che si sostituiscono ai vecchi ceti proprietari. La partecipazione diventa rivendicazione a pieno titolo di una cittadinanza, volontà di capire una nuova situazione, lavoro per la patria di tutti. L'uso delle libertà statutarie diviene il tramite di una volontà di partecipazione, nei municipi prima, e poi nella più ampia vita pubblica.

1. *Il municipalismo*

Le esperienze di governo locale create dal movimento cattolico e dal movimento socialista sono alimentate da importanti elaborazioni teoriche sul municipalismo. Con municipalismo si può intendere sia l'assunzione diretta della gestione di taluni servizi pubblici da parte dei Comuni, con carattere di esclusività o di concorrenza nei confronti dei privati, sia le politiche attuate a livello locale per ridurre le differenze sociali tra i cittadini. Premessa fondamentale del municipalismo è la possibilità per i diversi gruppi sociali di candidarsi alla guida delle amministrazioni municipali, una possibilità inizialmente limitata dalla legislazione sabauda. Solo a partire dal 1896, in tutti i Comuni, i sindaci sono eletti dal basso. Ne consegue l'effettiva estensione dell'accesso agli incarichi amministrativi a tutti i cittadini. Con la legge Sella (1865) i Comuni devono farsi carico della maggior parte delle proprie spese, compresi gli investimenti e alcuni oneri tipicamente statali. I disavanzi nei conti comunali non sono generati solo dal carico di spesa, ma anche dalla bassa capacità contributiva di larga parte della popolazione sia per il reddito limitato, sia per l'evasione. In molte parti del Paese il ceto politico liberale ricorre a un incremento della pressione fiscale locale per ripianare i crescenti deficit, e poi all'indebitamento con le banche e con lo Stato[43].

L'incremento delle tasse colpisce soprattutto le famiglie e i meno abbienti. Non stupisce quindi che la questione fiscale sia al centro delle riflessioni politiche sui programmi amministrativi, sviluppate da socialisti e cattolici. Alcuni esponenti di ambedue le aree culturali fanno del municipalismo un punto nodale delle loro elaborazioni. Giovanni Montemartini (1867-1913), economista di fama internazionale, è direttore del *Giornale degli economisti* (1904-1910) e collabora a *Critica sociale*. È uno dei più importanti esponenti del socialismo riformista, che lo porta a sostenere la trasformazione del sistema economico liberale e a essere uno dei fautori della legislazione sociale in Italia. Montemartini dedica al municipalismo il volume *Municipalizzazione dei pubblici servigi* (1902), punto di riferimento per i socialisti impegnati nelle amministrazioni locali. «Il Municipio – afferma in questo testo – è un'impresa politica, un'impresa che ha per scopo di ripartire coattivamente, su tutti i membri della municipalità, i costi di alcune produzioni». A suo avviso, la fornitura di beni di prima necessità o di beni altrimenti non accessibili alle classi meno abbienti dovrebbe essere garantita dalle imprese pubbliche, create tramite le imposte locali e gestite con l'obiettivo del bilancio in pareggio. L'opportunità delle municipalizzazioni va valutata caso per caso, tenendo conto dei costi rispetto all'offerta privata. Alla ricerca scientifica Montemartini affianca l'impegno diretto nell'amministrazione e nella politica, con la direzione dell'Ufficio del lavoro e della Direzione di statistica del Ministero dell'Agricoltura. Nel 1907 è eletto nel Consiglio comunale di Roma nella lista «blocco democratico» e diventa assessore ai «servizi tecnologici» (vale a dire le attività imprenditoriali municipali) nella giunta Nathan.

Tra i cattolici è Angelo Mauri (1873-1936) il più importante teorico del municipalismo. Avvocato, Mauri ricopre diversi ruoli nelle opere create dal movimento cattolico. Nel 1921 diventa vice-presidente della Camera, ministro dell'Agricoltura e presidente della Confederazione agricola in-

[43] G. Sapelli, *Comunità e mercato*, Rubbettino, Soveria Mannelli 1996, pp. 57-58.

…e. Deputato aventiniano, è dichiarato decaduto nel 1926. Il …nto di riferimento di Mauri sono le esperienze dei Comuni inglesi, dove i profitti delle municipalizzate sono reinvestiti nel Comune stesso o sono utilizzati come strumento per abbassare la pressione fiscale. Le proposte di Mauri si ispirano all'obiettivo di valorizzare la capacità delle comunità locali di organizzare le proprie risorse per rispondere efficacemente ai bisogni dei cittadini. Quanto ai profitti delle imprese municipali, per Mauri devono servire a migliorare i servizi e ad abbassare l'imposizione fiscale.

2. *Esperienze municipali in atto*

Alla fine dell'Ottocento Caltagirone, in Sicilia, versa in condizioni di forte arretratezza. I problemi maggiori derivano dal sistema di conduzione agraria. La gran parte della popolazione è impegnata nei latifondi, controllati da proprietari assenteisti, nelle terre del Comune e in piccoli appezzamenti privati. Le manifatture sono poco sviluppate, esistono solo piccole isole di produttività legate ai più svariati settori, tra cui è preponderante quello della produzione di pasta. Più sviluppato il settore edilizio, che non può però dirsi all'avanguardia: molti gli addetti, ma pochi gli elementi di innovazione. I tentativi di modernizzazione, come la costruzione del tratto ferroviario Catania-Caltagirone e la creazione di una colonia agricola che usi metodi moderni nei terreni comunali, non portano il progresso sperato a causa delle divisioni locali, dovute al forte immobilismo dei latifondisti e alle scorrerie di stampo banditesco dei caprai. La popolazione di Caltagirone vive con rassegnazione questa difficile situazione.

In questo contesto si innesta l'azione di don Luigi Sturzo, finalizzata in primo luogo alla presa di coscienza, da parte del popolo, di quali siano le vere necessità del territorio e dei suoi abitanti. A Caltagirone Sturzo cerca di attuare una politica municipale vicina alle proposte di Mauri, cui occorre far riferimento per capire il *modus operandi* del movimento cattolico. Agli occhi del prete calatino, per cambiare il sistema economico è necessario che i cattolici si inseriscano nelle battaglie amministrative e nei Municipi. Nel 1896, con l'obiettivo di favorire la nascita di una coscienza sociale nei cattolici di Caltagirone e di far fronte alle difficoltà dell'agricoltura locale, Sturzo fonda la Cassa rurale di San Giacomo, che con il passare degli anni aumenta utili e prestiti. Nel 1899 il sacerdote si presenta come candidato alle elezioni, con un programma che si incentra sulla semplificazione amministrativa e sulla revisione della tassazione «in modo che ne vengano sgravati i meno abbienti, e si inizi la graduale abolizione del dazio di consumo»[44]. Eletto consigliere comunale, Sturzo preferisce appoggiare i liberali, più propensi dei conservatori a sostenere politiche a favore delle classi meno abbienti.

Nel 1905 Sturzo si presenta di nuovo alle elezioni amministrative in una lista civica che ottiene la maggioranza assoluta. Il programma del nuovo pro-sindaco è chiaro: spezzare il predominio del latifondo tramite l'emancipazione contadina (istruzione e solidarietà) e lo sviluppo della cooperazione. Sturzo privilegia l'organizzazione della resistenza contadina e del credito agrario attraverso le casse rurali e le cooperative, in vista della creazione della piccola proprietà agricola, al fianco della quale dovrà svilupparsi la piccola e media impresa. Per attuare questo programma Sturzo intende modificare l'impianto tributario cittadino, riforma che implicherebbe una revisione più ampia che riconosca le differenze territoriali, aumentando l'autonomia finanziaria dei Comuni. Le proposte di Sturzo si scontrano però con gli interessi dei grandi proprietari terrieri e con il mondo dei pastori, caratterizzato da ignoranza e da diffusi comportamenti illegali.

Nel 1919 Sturzo è costretto a dimettersi e a Caltagirone il movimento cattolico non è più in grado di realizzare i suoi progetti. Nello stesso anno, il programma del Partito Popolare chiede libertà e autonomia degli enti pubblici locali e il «riconoscimento delle funzioni proprie del Comune, della Provincia e della Regione, in relazione alle tradizioni della Nazione e alla necessità di sviluppo della vita locale». Nello stesso periodo il cattolico milanese Filippo Meda, ministro delle Finanze dei governi Boselli e Orlando (1916-1919), propone una riforma dei tributi locali e delle imposte dirette sui redditi. Il piano Meda introduce un'imposta comunale sulle industrie e sui commerci e afferma il principio che ogni residente partecipi alle spese dell'ente locale, in base alla propria capacità di reddito. Meda presenta, con la collaborazione di Luigi Einaudi, due disegni di legge, che però non hanno seguito parlamentare.

L'*Esame critico del sistema tributario e del sistema finanziario del*

[44] U. Chiaramonte, *Il municipalismo di Luigi Sturzo pro-sindaco di Caltagirone (1899-1920)*, Morcelliana, Brescia 1992, p. 62.

Comune di Torino, elaborato dal comitato sezionale torinese del PSI nel 1898, è il punto di partenza di molte delle successive elaborazioni socialiste. Opponendosi ad alcuni consiglieri che vorrebbero ripianare il deficit di bilancio tramite l'accensione di prestiti bancari o la vendita del demanio pubblico, i socialisti torinesi propongono che la tassazione sul reddito e sul patrimonio divenga la prima fonte di introiti per il Comune. I consiglieri socialisti fanno riferimento a uno studio di Gina Lombroso, intitolato *Sulle condizioni sociali ed economiche degli operai in un sobborgo di Torino* e pubblicato nel 1896. La studiosa ha dimostrato che la tassazione indiretta colpiva principalmente coloro che avevano redditi molto bassi. L'*Esame critico* dei socialisti torinesi si conclude con un grido di battaglia, non però contro lo Stato, ma a salvaguardia delle libertà che lo Statuto dovrebbe garantire:

«Sono cinquant'anni dacché nello Statuto fondamentale del Regno fu solennemente decretato che i cittadini contribuiscono indirettamente nella proporzione dei loro averi all'erario pubblico. E precisamente da cinquant'anni i tributi si sono sempre andati man mano allontanando da questo precetto di giustizia distributiva! E in cinquant'anni non sorse mai fra le autorità o fra i partiti che si professano svisceratamente solleciti del bene degli umili, chi additasse al re od al popolo che il patto fra il popolo e il re era stato costantemente violato. E dopo cinquant'anni spettava a questo partito, che questurini e magistrati, ministri e procuratori del re chiamano sovversivo, il compito di richiamare i poteri costituiti all'osservanza della legge fondamentale del Regno; spettava a questo partito sovversivo di vigilare all'osservanza dello Statuto nella ripartizione dei tributi, come nell'amministrazione della giustizia, nel rispetto degli oneri, come nel rispetto alle libertà dei cittadini!»[45].

Nella Milano dell'Esposizione internazionale del Sempione (1906) si superano le forti contrapposizioni del 1898 e si consolida una crescita industriale senza precedenti per qualità e intensità. Tra il 1905 e il 1909 l'amministrazione comunale è guidata dal senatore Ettore Ponti, figlio di uno dei pionieri dell'industria lombarda e imprenditore egli stesso. La giunta è il frutto di un accordo elettorale tra una parte del partito liberale, alcune componenti del movimento cattolico e gli esponenti del «partito

[45] G. Sapelli, *Comunità e mercato*, cit., p. 64.

economico», raggruppamento politico della borghesia industriale più progressista. Mettendo a frutto le aperture della legge sulla municipalizzazione dei servizi pubblici, la giunta Ponti avvia un piano di edilizia popolare con la costituzione dello IACP e istituisce un'Azienda elettrica municipale (AEM). La capacità di coinvolgere un ampio arco di forze in un progetto condiviso di modernizzazione risulta uno dei fattori determinanti di questa esperienza, pienamente inserita nel municipalismo.

Durante la Prima guerra mondiale a Milano, dove forte è la presenza socialista, aumentano le spese senza che le entrate le compensino. Manca inoltre la manodopera. Tutto ciò contribuisce a creare un clima di sfiducia attorno all'amministrazione socialista. Con il *Manifesto* emanato da Palazzo Marino a firma Caldara (25 maggio 1915) i socialisti milanesi si fanno portatori delle istanze già promosse dai compagni torinesi. Il *Manifesto* annuncia che, mentre gli uomini combattono, la giunta socialista intende garantire la sopravvivenza delle classi più povere. È un tentativo di affrontare le forti tensioni sociali del periodo con la realizzazione di concrete misure, da parte dell'amministrazione comunale. Di primaria importanza è l'azione in campo annonario: viene creato un ente autonomo gestito in maggioranza da amministratori comunali, che porta alla creazione di granai, silos, forni e pastifici comunali. Si agisce in tal senso perché si vuole infrangere il monopolio dei privati e raggiungere l'obiettivo del «pane a buon mercato». L'Azienda Annonaria chiude nel 1918 con un utile di 2 milioni di lire. È sostituita dall'Azienda Consorziale dei consumi del Comune di Milano, che ha tra i suoi azionisti il Comune ed enti cooperativi e benefici. Altre iniziative riguardano la creazione di asili municipali, orfanotrofi, sanatori e case popolari. Il Comune crea un'azienda tranviaria e un'azienda farmaceutica.

3. *Dal municipalismo a una nuova articolazione dello Stato unitario*

Nel dopoguerra le istanze del municipalismo trovano ostacoli e limitazioni: i decreti approvati nel 1921 non solo cercano di frenare le proposte delle amministrazioni socialiste e cattoliche, ma inducono i Comuni a ottenere nuovi prestiti, anche da privati.

Con l'avvento del fascismo l'impianto delle aziende comunali è mantenuto, ma viene utilizzato per garantire consensi al Partito Nazionale Fascista, che ne è il diretto gestore. Attraverso le muncipalizzate, la politica di spesa si trasforma in uno strumento di controllo delle masse: il PNF si fa carico delle attività di promozione assistenziale, ricreativa ed economica della popolazione, divenendo così il principale fruitore dei vantaggi politici che ne derivano.

Nel frattempo in clandestinità Gaspare Ambrosini, amico di don Sturzo e futuro democristiano all'Assemblea costituente, elabora una concezione di autonomia che diverrà progetto condiviso in sede di elaborazione della Carta costituzionale da parte di varie anime politiche e culturali confluite nella Democrazia Cristiana. Secondo Ambrosini, si deve passare dal decentramento delle funzioni concesso dallo Stato, e spesso solo sul piano amministrativo, alla vera e propria autonomia, con il riconoscimento degli enti locali come una delle forme di articolazione dello Stato unitario. La DC, anche sulla scia del municipalismo di inizio Novecento, al principio dell'esperienza repubblicana, immagina l'autonomia di poteri e un grado elevato di autarchia finanziaria solo per le Regioni, mentre la Provincia e il Comune dovrebbero essere strutture amministrative delegate. Il «patto costituzionale» per il titolo V (articoli 114-133) vede la luce superando la diffidenza e talvolta l'ostilità delle forza liberali e di comunisti e socialisti, i quali guardano all'autonomismo democristiano come a un rischio per l'unità nazionale e a un fattore di arretratezza sociale ed economica.

Bibliografia essenziale

C.C. Bresciani, *Vita di Maddalena, Marchesa di Canossa, fondatrice delle Figlie della Carità dette Canossiane*, Vicentini e Franchini, Verona 1849.

G. Piccinelli, *Splendori di fede in Como e nella diocesi*, Premiata scuola tipografica dell'orfanotrofio dell'Opera don Luigi Guanella, Lecco 1939.

E. Federici, *Beata Paola Elisabetta Cerioli, fondatrice degli Istituti della S. Famiglia di Bergamo*, M. Pisani, Isola del Liri 1950.

P. Scoppola, *Dal neoguelfismo alla Democrazia cristiana*, Studium, Roma 1957.

A. Gambasin, *Il movimento sociale nell'Opera dei Congressi (1874-1904). Contributo per una storia sociale del cattolicesimo in Italia*, Università Gregoriana, Roma 1958.

L. Bedeschi, *Le origini della Gioventù cattolica*, Cappelli, Bologna 1959.

G. De Rosa, *Storia del movimento cattolico in Italia*, vol. I, *Dalla restaurazione all'età giolittiana*, Laterza, Bari 1966.

P. Scoppola (a cura di), *Chiesa e Stato nella storia d'Italia. Storia documentaria dall'unità alla Repubblica*, Laterza, Bari 1967.

L. Osbat e F. Piva (a cura di), *La Gioventù Cattolica dopo l'Unità. 1868-1968*, Edizioni di Storia e Letteratura, Roma 1972.

G. Rumi, *La Democrazia Cristiana e l'autonomia regionale*, in M. Legnani (a cura di), *Regioni e Stato dalla Resistenza alla Costituzione*, Il Mulino, Bologna 1975, pp. 291-326.

V. Saba, *Le esperienze associative in Italia (1861-1922)*, Angeli, Milano 1978.

A. Cattari, *Maddalena Gabriella di Canossa: gli anni decisivi di un itinerario spirituale (1792-1800)*, Istituto Propaganda Libraria, Milano 1980.

C. Brezzi, *Movimento cattolico e questione operaia*, in F. Traniello e G. Campanini (a cura di), *Dizionario storico del movimento cattolico in Italia (1860-1980)*, vol. I.2, *I fatti e le idee*, Marietti, Casale Monferrato 1981, pp. 63-72.

A. Canavero, *Filippo Meda*, in F. Traniello e G. Campanini (a cura di), *Dizionario storico del movimento cattolico in Italia (1860-1980)*, vol. II, *I protagonisti*, Marietti, Casale Monferrato 1981, pp. 354-363.

C. Fasano, *Murialdo Leonardo*, in F. Traniello e G. Campanini (a cura di), *Dizionario storico del movimento cattolico in Italia (1860-1980)*, vol. II, *I protagonisti*, Marietti, Casale Monferrato 1981, pp. 409-414.

D. Marucco, *Mutualismo e sistema politico. Il caso italiano (1862-1904)*, Angeli, Milano 1981.

L. Osbat, *Movimento cattolico e questione giovanile*, in F. Traniello e G. Campanini (a cura di), *Dizionario storico del movimento cattolico in Italia (1860-1980)*, vol. I.2, *I fatti e le idee*, Marietti, Casale Monferrato 1981, pp. 84-96.

G. Sapelli (a cura di), *Il movimento cooperativo in Italia. Storia e problemi*, Einaudi, Torino 1981.

S. Tramontin, *Opera dei Congressi e dei comitati cattolici in Italia*, in . Traniello e G. Campanini (a cura di), *Dizionario storico del movimento cattolico in Italia (1860-1980)*, vol. I.2, *I fatti e le idee*, Marietti, Casale Monferrato 1981, pp. 336-347.

L. Trezzi, *Nicolò Rezzara*, in F. Traniello e G. Campanini (a cura di), *Dizionario storico del movimento cattolico in Italia (1860-1980)*, vol. II, *I protagonisti*, Marietti, Casale Monferrato 1981, pp. 537-540.

S. Zaninelli, *Il sindacalismo cattolico*, in F. Traniello e G. Campanini (a cura di), *Dizionario storico del movimento cattolico in Italia (1860-1980)*, vol. I.1, *I fatti e le idee*, Marietti, Casale Monferrato 1981, pp. 55-68.

S. Zaninelli, *L'azione sociale dei cattolici*, in F. Traniello e G. Campanini (a cura di), *Dizionario storico del movimento cattolico in Italia (1860-1980)*, vol. I.1, *I fatti e le idee*, Marietti, Casale Monferrato 1981, p. 320-358.

G. Belotti, *Nicolò Rezzara*, Edizione promossa dal Credito Bergamasco, Bergamo 1982.

L. Trezzi, *Sindacalismo e cooperazione dalla fine dell'Ottocento all'avvento del fascismo*, Angeli, Milano 1982.

R. Zangheri - G. Galasso - V. Castronovo, *Storia del movimento cooperativo in Italia (1886-1986)*, Einaudi, Torino 1987.

L'opera di don Luigi Guanella: le origini e gli sviluppi nell'area lombarda. Atti del Convegno di studio per il centenario della fondazione della Casa della Divina Provvidenza (Como, 25-27 settembre 1986), Como 1988.

E. Bressan, *Maddalena di Canossa e la Chiesa di Milano*, NED, Milano 1990.

P. Borzomati, *Le congregazioni religiose nel Mezzogiorno e Annibale di Francia*, Studium, Roma 1992.

U. Chiaramonte, *Il municipalismo di Luigi Sturzo pro-sindaco di Caltagirone (1899-1920)*, Morcelliana, Brescia 1992.

G. Rumi, *Santità sociale in Italia tra Otto e Novecento*, SEI, Torino 1995.

M. Farina - F. Rispoli, *Maddalena di Canossa*, SEI, Torino 1995.

L. Trezzi, *Confederazione cooperativa italiana*, in F. Traniello e G. Campanini (a cura di), *Dizionario storico del movimento cattolico in Italia*, vol. IV, *Aggiornamento 1980-1995*, Marietti, Casale Monferrato 1995, pp. 208-213.

L. Gheza Fabbri, *Solidarismo in Italia fra XIX e XX secolo: le società di mutuo soccorso e le casse rurali*, Giappichelli, Torino 1996.

G. Sapelli, *Comunità e mercato*, Rubbettino, Soveria Mannelli 1996.

S. Tramontin, «Luigi Cerutti, Luigi Luzzatti e le prime case operaie a riscatto assicurativo», in *Bollettino dell'Archivio per la storia del movimento sociale cattolico in Italia*, 31 (1996), 3, pp. 325-333.

M.T. Falzone, *Le congregazioni religiose femminili nella Sicilia dell'Ottocento*, Scascia, Caltanissetta-Roma 2002.

D. Bardelli, *L'Italia viaggia. Il Touring Club, la nazione e la modernità (1894-1927)*, Bulzoni, Roma 2004.

A. Colombo, *Congregazioni religiose e sviluppo in Lombardia tra Otto e Novecento. Il caso delle suore di Maria Bambina*, Vita e Pensiero, Milano 2004.

G. Bigatti, *Per una «benintesa conservazione». Municipio e città negli anni dell'esposizione internazionale del 1906*, in P. Redondi e P. Zocchi (a cura di), *Milano 1906. L'esposizione internazionale del Sempione. La scienza, la città, la vita*, Guerini, Milano 2006, pp. 223-230.

E. Galli Della Loggia, *L'identità italiana*, Il Mulino, Bologna 2010.

A.M. Locatelli, *Enti locali e fiscalità nel '900. I cattolici e l'autonomia disconosciuta*, Vita e Pensiero, Milano 2010.

L. Scaraffia (a cura di), *I cattolici che hanno fatto l'Italia. Religiosi e cattolici piemontesi di fronte all'Unità d'Italia*, Lindau, Torino 2011.

PARTE SECONDA
Ai tempi del fascismo

Il difficile dopoguerra

«La terribile guerra [...] ha trasformato l'Europa sia dal punto di vista geografico, creando sulle rovine dei grandi imperi molti piccoli Stati in conflitto tra di loro; sia da quello degli ordinamenti politici, riducendo a minoranza i popoli retti a monarchia; ha alterati tutti i valori politici, sociali, economici e finanziari; ha quindi segnato l'inizio di un periodo storico assolutamente nuovo»: così si esprime Giovanni Giolitti in un discorso del 1919. In effetti il mondo, uscito dalla Prima guerra mondiale, si presenta pieno di incognite. Per l'Italia si tratta di uno dei periodi più difficili della storia nazionale. Un'ondata di conflitti di classe, senza precedenti nella storia del Paese, connota questi anni difficilissimi. Sono le convulse agitazioni del «biennio rosso», che si aggiungono ai mutamenti degli equilibri politici, già messi in forse dall'esperienza traumatica del conflitto e dalle delusioni della vittoria. Sotto il grigioverde, le masse italiane si sono riunite per la prima volta; ed è scricchiolato paurosamente il vecchio edificio sociale, investito prima dal suffragio universale e dall'industrialismo, poi dalle forze scatenate dallo scontro bellico.

Il 1919 e il 1920 vedono le principali città italiane trasformate nel teatro di violenti tumulti. Le campagne sono agitate dalle lotte dei lavoratori, rappresentati dalle leghe rosse e bianche nelle aree del Centro-Nord. Si sciopera nelle fabbriche, nei servizi pubblici, tra gli impiegati. Si parla molto di rivoluzione, in un clima di violenza generalizzata che avvelena la vita politica e i rapporti sociali. Nell'autunno del 1920 i consigli di fabbrica, una specie di corrispettivo italiano dei soviet, promuovono l'occupazione delle fabbriche nel triangolo industriale. La vicenda si conclude con un sostanziale insuccesso, che indebolisce il Partito Socialista, a sua volta condizionato da una maggioranza di rivoluzionari che rimangono bloccati dall'obiettivo di instaurare una repubblica socialista fondata sulla dittatura del proletariato, e dunque ostili a ogni ipotesi di collaborazione con le forze borghesi. Per di più, al congresso di Livorno del 1921, si assiste a una nuova scissione interna, che porta alla nascita del Partito Comunista.

La guerra, «inutile strage» – come l'aveva bollata Benedetto XV –, non ha prodotto una società più pacifica, più stabile, e tanto meno più giusta. Ha lasciato in eredità centinaia di migliaia di morti e mutilati, le campagne abbandonate, la febbre spagnola, la fame e il carovita, lo spettro del bolscevismo, la crisi economica e l'inflazione. A molti appare sempre più inadeguato il vecchio ceto politico, rappresentato dall'ottantenne Giolitti, che tenta inutilmente di mettere la briglia ai partiti di massa, premiati dalle elezioni del dopoguerra. Anche il Partito Popolare di don Luigi Sturzo si afferma ottenendo buoni risultati. E tuttavia non ci sono le condizioni per salde coalizioni di governo. L'instabilità politica condiziona la ricostruzione postbellica.

I partiti di massa si radicano in quel tessuto sociale che è uno dei fattori di maggior ricchezza della storia italiana. I consensi al partito di don Sturzo sono anche il frutto di un risveglio del sentimento religioso favorito dalla guerra. Li alimentano associazioni cattoliche fiorenti, il dinamismo del clero e delle parrocchie, il sostegno dei Municipi guidati da giunte bianche. Questo mondo da anni si prepara a incidere nel destino nazionale e ora si propone come una possibile alternativa alla classe dirigente liberale. La presenza cattolica nella società si è già dispiegata a molti livelli, con l'attenzione alle sofferenze provocate dalla questione sociale e un apprendistato democratico che si è giovato dell'esercizio delle libertà di stampa, di associazione e di intervento assistenziale. Viene ora il momento della politica; e viene il momento, con la nascita dell'Università Cattolica del Sacro Cuore, di porre le premesse per un recupero culturale.

La prospettiva nazionale dei cattolici si era chiarita nel corso della guerra: dall'originaria inclinazione neutralista erano passati all'attesa rispettosa delle decisioni governative, e poi all'assunzione di responsabilità, per la volontà di partecipare alla storia comune, senza restare emarginati o esclusi. Filippo Meda, l'avvocato che aveva guidato il movimento cattolico nel decennio precedente, diventa il primo cattolico militante ministro del Regno. La scelta è quella di entrare a tutti gli effetti nella vita del «Paese legale», sperando in un suo adeguamento alla tavola dei valori che, da tempo, connotano il vissuto degli italiani.

Monta, però, anche l'ondata antisocialista, che intercetta le attese nutrite dalla pubblica opinione nei confronti della conferenza di pace e getta un'ombra di discredito sui notabili del ceto di governo. A Milano, nel marzo del 1919, in un palazzo di piazza San Sepolcro un centinaio di persone fonda i Fasci di combattimento, una sorta di *antipartito* che mira a riforme istituzionali, economiche e sociali molto radicali. Quello che appare, ancora, un movimento trascurabile, nel giro di poco tempo si afferma, facendo ampio ricorso a illegalità e violenze. Nel maggio del '20 al Teatro Lirico, durante un'adunata dei Fasci, Mussolini sancisce la svolta a destra del movimento, che si appropria dei valori patriottici, lanciandosi verso una rapida crescita come organizzazione politica della borghesia produttiva e dei ceti medi che non si riconoscono nei partiti tradizionali.

Lievita intanto lo squadrismo fascista. Squadre armate, finanziate dagli agrari, distruggono le organizzazione proletarie in Valle Padana, dove socialisti e leghe rosse erano giunti a esercitare un controllo quasi totale sulla vita politica ed economica. Incendi di camere del lavoro, case del popolo e sedi delle leghe contadine, aggressioni a sindacalisti, assalti a giornali e a sezioni di partito: ne fanno le spese le organizzazioni sindacali, cooperativiste e mutualistiche di matrice sia socialista, sia cattolica. Il clima è quello di una guerra civile.

In pochi mesi lo squadrismo dilaga nelle province padane e si estende alla Toscana e all'Umbria, con la neutralità o l'aperto sostegno degli apparati statali. Giolitti pensa di servirsene per indebolire socialisti e popolari: vorrebbe «costituzionalizzare» il fascismo e assorbirlo nella maggioranza liberale. Ma il fascismo è animato da uno «spirito totalitario» che, per quanto incompreso dall'opinione pubblica, si traduce nella lotta per il monopolio del potere, con l'obiettivo di fascistizzare lo Stato e di operare una «rivoluzione antropologica», che dovrebbe trasformare il carattere degli italiani. La debolezza delle istituzioni e dei partiti favorisce, nel 1922, la marcia su Roma, che porta i fascisti al governo e prelude alla conquista del potere, realizzata alla metà del decennio.

I. IL LABORATORIO DEL PRIMO DOPOGUERRA

1. *Forti nel sociale, per riformare lo Stato*

Nel novembre 1919 si svolgono le prime elezioni del dopoguerra, dopo la fine della lunghissima XXIV legislatura. La composizione del nuovo parlamento, reclutato per la prima volta con il sistema proporzionale, rispecchia il «Paese reale». Moltissimi sono i voti al Partito Socialista, il primo partito delle elezioni del 1919, molti anche al Partito Popolare. I programmi elettorali si concentrano sulle trasformazioni del Paese dopo la Grande Guerra e in qualche caso esplicitano la volontà di ripensare la struttura dello Stato.

In una situazione di gravissima crisi economica, di tensioni sociali e di radicalizzazione della vita politica, tra i diversi partiti – così come al loro interno – maturano però divisioni e si accendono discussioni su questioni rilevanti. Grande è la richiesta di riforme sociali, economiche e amministrative, giudicate indispensabili per la ricostruzione. Nel Partito Socialista, i cui iscritti aumentano rapidamente, prevale la corrente massimalista, guidata da Giacinto Menotti Serrati, direttore dell'*Avanti!*. I massimalisti hanno come obiettivo l'abbattimento dello Stato borghese e l'instaurazione di una repubblica socialista fondata sulla dittatura del proletariato. Il modello rivoluzionario è quello bolscevico. Gruppi di estrema sinistra, come quello di Torino che si forma attorno ad Antonio Gramsci, si battono per un più coerente impegno rivoluzionario e vedono nei soviet lo strumento di lotta contro l'ordine borghese e la cellula della nuova società socialista. Così suona la mozione di una corrente massimalista, presentata al congresso svoltosi a Bologna nell'ottobre 1919:

> «Gli strumenti di oppressione e di sfruttamento del dominio borghese (Stati, Comuni e amministrazioni pubbliche) non possono in alcun modo trasformarsi in organismi di liberazione del proletariato; [...] a tali organi dovranno essere opposti organi nuovi proletari (Consigli dei lavoratori, contadini e soldati, Consigli dell'economia pubblica ecc.), i quali, funzionanti da prima (in dominio borghese) quali strumenti della violenta lotta di liberazione, divengano poi organismi di trasformazione sociale ed economica, e di ricostruzione del nuovo ordine comunista».

Il socialismo riformista, ora minoritario, non condivide obiettivi e metodi né del Partito Socialista, né del Partito Comunista, quest'ultimo esito del congresso che si tiene a Livorno nel 1921.

La presenza del Partito Popolare, aconfessionale ma di ispirazione cattolica, sana la frattura fra corpo sociale e rappresentanza politica. Il PPI contribuisce a rendere la democrazia costume diffuso. Per Sturzo i cattolici devono abbandonare la mentalità della contesa mettendosi sul terreno comune della vita nazionale. È l'inizio del superamento della cultura politica delle separazioni e delle contrapposizioni (di classe, di ceto, di ideologia) tipiche dell'età liberale, e poi rafforzate dal fascismo. La proposta popolare accelera il passaggio dallo Stato censitario verso una democrazia più compiuta, di uomini «liberi e forti». Così si apre l'appello rivolto al Paese il 18 gennaio 1919:

«A tutti gli uomini liberi e forti, che in questa grave ora sentono alto il dovere di cooperare ai fini supremi della patria, senza pregiudizi né preconcetti, facciamo appello perché uniti insieme propugnino nella loro interezza gli ideali di giustizia e di libertà [...]. Ci presentiamo nella vita politica con la nostra bandiera morale e sociale, ispirandoci ai saldi principî del cristianesimo che consacrò la grande missione civilizzatrice dell'Italia»[1].

Con il popolarismo sono immesse nel circuito politico idee destinate a farsi strada: la riforma agraria e la diffusione della piccola proprietà contadina; il decentramento amministrativo e la valorizzazione dell'ente locale, inclusa la regione; la riforma finanziaria fondata sulla progressività delle imposte; il superamento del nazionalismo e l'avvio di un ordinamento internazionale capace di impedire nuovi conflitti. In particolare il PPI punta sui corpi intermedi e sul decentramento di alcune funzioni del governo politico a livello locale. Ciò dipende dalla lunga esperienza che i cattolici hanno fatto nelle lotte municipali e dalla formazione di don Sturzo, convinto che la questione meridionale non possa trovare soluzione nella logica dello Stato accentrato. Nell'*Appello al Paese* con cui i popolari si rivolgono per la prima volta agli elettori, si manifesta

[1] F. Malgeri (a cura di), *Gli atti dei congressi del Partito Popolare Italiano*, Morcelliana, Brescia 1969, pp. 35-37.

la volontà di sostituire lo Stato accentrato con uno «Stato veramente popolare, che riconosca i limiti della sua attività, che rispetti i nuclei e gli organismi naturali»:

«Ad uno Stato accentratore tendente a limitare e regolare ogni potere organico e ogni attività civica e individuale, vogliamo sul terreno costituzionale sostituire uno Stato veramente popolare, che riconosca i limiti della sua attività, che rispetti i nuclei e gli organismi naturali – la famiglia, le classi, i Comuni – che rispetti la personalità individuale e incoraggi le iniziative private. E perché lo Stato sia la più sincera espressione del volere popolare, domandiamo la riforma dell'istituto parlamentare sulla base della rappresentanza proporzionale, non escluso il voto delle donne, e il Senato elettivo, come rappresentanza direttiva degli organismi nazionali, accademici, amministrativi e sindacali: vogliamo la riforma della burocrazia e degli ordinamenti giudiziari e la semplificazione della legislazione, invochiamo il riconoscimento giuridico delle classi, l'autonomia comunale, la riforma degli enti provinciali, e il più largo decentramento nelle unità regionali.

Ma sarebbero queste vane riforme [...] se non reclamassimo, come anima della nuova società, il vero senso di libertà, rispondente alla maturità civile del nostro popolo e al più alto sviluppo delle sue energie: libertà religiosa non solo agl'individui ma anche alla Chiesa, per la esplicazione della sua missione spirituale nel mondo; libertà di insegnamento, senza monopoli statali; libertà alle organizzazioni di classe, senza preferenze e privilegi di parte; libertà comunale e locale secondo le gloriose tradizioni italiche»[2].

Libertà, responsabilità, autogoverno e pluralismo delle istituzioni sono le coordinate nelle quali si muove il popolarismo. Le sue idee maturano anche a causa del confronto/scontro con il fascismo, che impone un chiarimento di prospettive nel partito, ottenuto da Sturzo al IV congresso popolare tenuto a Torino nel 1923:

«Per noi lo Stato – afferma il segretario del PPI – è la società organizzata politicamente per raggiungere i fini specifici, esso non sopprime, non

[2] *Ibid.*, p. 36.

annulla, non crea i diritti naturali dell'uomo, della famiglia, della classe, dei comuni, della religione; solo li riconosce, li tutela, li coordina, nei limiti della propria funzione politica [...]. Per noi lo Stato non è il primo etico, non crea l'etica, la traduce in leggi e vi dà forza sociale; per noi lo Stato non è libertà, non è al di sopra della libertà; la riconosce e ne coordina e limita l'uso perché non degeneri in licenza. Per noi lo Stato non è religione; la rispetta e ne tutela l'uso dei diritti esterni e pubblici»[3].

Poche di queste idee si realizzano nell'immediato. Il popolarismo pone semi fecondi, ma la sua esperienza si conclude troppo in fretta, prima che la seminagione possa dare risultati. Bisogna attendere il secondo dopoguerra per vedere più largamente attuato il programma del PPI.

2. *Una società in fermento*

Nella società italiana dell'immediato dopoguerra si sviluppano luoghi aggregativi e si rinnovano strumenti già presenti, tesi ad affrontare problemi sociali sempre più dirompenti. I sindacati, protagonisti del «biennio rosso» e dell'occupazione delle fabbriche, reclamano le otto ore lavorative, aumenti salariali e il riconoscimento delle rappresentanze sindacali a livello di fabbrica. A sinistra si rincorre molto spesso il sogno di «fare come in Russia». Ai diversi problemi sociali, acuiti dalla guerra, si risponde con differenti sensibilità, che danno vita a iniziative diverse. Tutto il movimento sindacale è in crescita, sia la componente riformista, che ha il suo punto di forza nelle federazioni di mestiere (strutture sindacali di tipo verticale) e che punta a un'azione concreta di miglioramento delle condizioni di lavoro, sia la componente massimalista, che valorizza le strutture sindacali di tipo orizzontale, come le camere del lavoro. I massimalisti le utilizzano come luogo di azione politica indirizzata a esiti rivoluzionari, dal momento che rappresentano tutti i lavoratori di una località, indipendentemente dalla professione esercitata.

Fra il 1919 e il 1920 l'intero Paese è paralizzato da tumulti contro il

[3] Discorso di Sturzo al congresso di Torino, cit. in G. De Rosa, *Il Partito Popolare Italiano*, Laterza, Bari 1969, p. 212.

caro-viveri e da una lunga serie di scioperi nell'industria, nelle campagne e nel settore dei servizi pubblici. Nelle industrie i consigli di fabbrica, nuove strutture di rappresentanza operaia, portano avanti azioni fortemente rivendicative, con l'obiettivo di controllare l'organizzazione del lavoro e della produzione. Nella Bassa Padana, dove prevale il bracciantato, le leghe rosse monopolizzano la rappresentanza sindacale. Nelle zone del Centro-Nord in cui sono diffuse la mezzadria e la piccola proprietà sono attive le leghe bianche. Il sindacalismo è stato legittimato dalla dottrina sociale della Chiesa, che con la *Rerum novarum* ha affermato il valore del lavoro come fattore di sviluppo della persona e ha aperto la strada ad associazioni non solo miste, ma anche di soli operai. Mentre le organizzazioni socialiste vogliono la socializzazione della terra, le leghe cattoliche difendono le forme contrattuali che garantiscono autonomia alla piccola azienda familiare e puntano alla diffusione della piccola proprietà contadina.

Nel 1918 è nata la Confederazione Italiana dei Lavoratori, in antagonismo con la CGL e con il monopolio della rappresentanza dei lavoratori esercitato dalle organizzazioni rosse. Mentre ancora imperversava la guerra, Giambattista Valente ha convocato a Roma, in successive riunioni tenute tra il dicembre del 1917 e il marzo del 1918, i rappresentanti delle strutture sindacali di matrice cattolica già costituite, come la federazione degli operai tessili (SIT), e gli esponenti degli Uffici cattolici del lavoro per concretare, come già i socialisti nel 1906 con la CGL, la fondazione di una Confederazione del lavoro di ispirazione cristiana. Lo scopo è quello di «rappresentare e far valere gli interessi generali delle classi lavoratrici sia all'interno che nei rapporti economici e sindacali internazionali»[4]. Valente vuole creare una grande organizzazione che faccia da punto di riferimento per le molte iniziative ideate dai cattolici sul terreno sindacale, sin dall'inizio del secolo.

«Ci assistano i cattolici italiani nel gravoso assunto. Comprendano alfine le esigenze dei tempi, aprano gli occhi alle necessità dell'ora. Si convincano finalmente che quel retaggio di pensiero e di fede cattolica che i secoli ci hanno trasmesso, il glorioso retaggio italiano difeso attraverso i tempi or con una forma or con l'altra, oggi si difende

[4] F. Malgeri, *Storia del movimento cattolico in Italia*, vol. III, Il poligono, Roma, 1980, pp. 241-283.

soltanto così: con la partecipazione alla vita pubblica e con la forza dell'organizzazione»[5].

Il primo obiettivo è l'ammissione dei rappresentanti della CIL negli organismi ufficiali. I sindacalisti della CIL lottano per la libertà sindacale e per il riconoscimento dell'autonoma organizzazione sindacale. Valente, in polemica con Sturzo, vuole che il sindacato bianco sia indipendente anche dal Partito Popolare. La CIL eredita il tradizionale programma cattolico che mira al superamento della condizione proletaria attraverso l'accesso alla proprietà e la valorizzazione della piccola impresa, non solo contadina. Auspica poi la riforma del Senato, che dovrebbe diventare organo delle organizzazioni professionali, e una sorta di «internazionale» sindacale cristiana, che intervenga per difendere i lavoratori emigrati all'estero.

La direzione è formata da Valente, Giuseppe Corazzin e Augusto Ciriaci. Alla guida del sindacato ci saranno poi Giovanni Gronchi e Achille Grandi, che si impegnerà per difendere la libertà sindacale dalle violenze fasciste.

Nel settembre del 1918 si tiene il primo Consiglio nazionale della CIL, che redige un programma che compendia le istanze apprese nelle precedenti esperienze. È approvata una «Dichiarazione di principio» dove si afferma che i lavoratori non hanno interesse a favorire e tanto meno a forzare l'evoluzione sociale in senso collettivista o in senso capitalista:

«La classe operaia ha interessi completamente opposti: che si conservino e sorgano e si sviluppino tutte le forme di lavoro autonomo, e che una parte sempre maggiore, fino a divenire la generalità, del proletariato *cessi di essere tale*, acquisti cioè la proprietà o almeno la libera disponibilità dei propri strumenti di lavoro e si renda economicamente indipendente e sicura di sé. A ciò tendono gli sforzi ascensionali della duplice organizzazione corporativa e cooperativa della classe lavoratrice, secondo il nostro metodo, e a ciò deve tendere la legislazione e l'azione dello Stato e degli altri enti pubblici [...]. Conseguentemente non rientra negli scopi finali né nei procedimenti della Confederazione italiana dei lavoratori la lotta e tanto meno la guerra di classe, nel senso cioè di mirare alla soppressione aprioristica e violenta e al-

[5] Relazione tenuta da Valente al Consiglio generale dell'Unione economico-sociale il 3 febbraio 1918, cit. in G. Valente, *Aspetti e momenti dell'azione sociale dei cattolici in Italia (1892-1926)*, a cura di F. Malgeri, Cinque Lune, Roma 1978, pp. 144-145.

l'oppressione rivoluzionaria delle altre classi per l'instaurazione di un assurdo collettivismo, e neppure esacerbare i rapporti fra le classi e fra i diversi fattori della produzione»[6].

La CIL si ispira a un «vigile senso della giustizia e della sostanziale solidarietà sociale». Non l'esasperazione della lotta, perseguita dalle organizzazioni rosse secondo la logica del «tanto peggio, tanto meglio», bensì la «collaborazione di classe», che «non vuol dire asservimento, imposizione o intimidazione di una classe verso l'altra; ma reciproco riconoscimento del diritto di organizzazione, di rappresentanza, di statuizione e di disciplina collettiva»[7].

Il programma entra nel vivo dei problemi sociali, proponendo soluzioni improntate al realismo: lo sviluppo delle assicurazioni sociali, provvedimenti per frenare l'ascesa dei fitti e promuovere la costruzione di case popolari, lo sviluppo della cooperazione, la compartecipazione dei lavoratori agli utili e alla gestione delle aziende, la tutela della piccola proprietà coltivatrice e dell'artigianato, lo sviluppo dei contratti collettivi di lavoro, la revisione dei salari in relazione al variare del costo della vita, la fissazione dei minimi di salario e dei massimi di orario, la parificazione dei salari fra uomo e donna per lavoro uguale con rendimento uguale.

«Di fianco al vecchio movimento operaio sovversivo e negatore, sorge così il nuovo movimento sindacale cristiano e costruttivo»[8]. La differenza fra socialisti e cattolici è notevole: mentre i primi mirano alla socializzazione delle terre, i secondi puntano sulla partecipazione dei lavoratori alla gestione delle aziende. Il Consiglio nazionale della CIL, esprimendo una posizione non molto diversa da quella della componete riformista del movimento socialista, proclama che

«alla radice di questo nuovo movimento sindacale, perché esso sorga e si mantenga immune da tutte le degenerazioni rosse e gialle, cioè non sovversivo e non servile, libero e disciplinato, occorre non il dispregio ma l'utilizzazione ed il concorso di tutte le grandi energie ideali e morali, che sono tradizionali nel Paese e nel popolo nostro; e particolarmente il lievito della più eccelsa fra le idealità che siano mai sta-

[6] G. Valente, *Aspetti e momenti dell'azione sociale dei cattolici in Italia*, cit., pp. 159-160.
[7] *Ibid.*, pp. 160-161, 178.
[8] *Ibid.*, p. 162.

te perseguite sulla terra: la idealità cristiana, che vuole gli uomini fratelli e solidali nel bene e nel progresso»[9].

La CIL cerca di raccogliere consensi anche nelle fabbriche, ma le maggiori adesioni arrivano da alcuni gruppi dei lavoratori delle campagne, in particolare i mezzadri e i piccoli affittuari. Per quanto riguarda invece i braccianti agricoli, il sindacato di riferimento è la Federterra, federazione del sindacato socialista. Il sindacalismo bianco si diffonde soprattutto nelle regioni in cui è particolarmente presente il movimento cattolico. Larghe adesioni si hanno in Lombardia e in Veneto e nelle località collinari e di montagna dell'Emilia-Romagna e della Toscana (zone mezzadrili e di piccoli proprietari). Specie in Lombardia la presenza della CIL è molto radicata tra i lavoratori tessili della Brianza, del Comasco e del Bergamasco. La diffusione geografica del sindacato coincide con quella dell'azione sociale dei cattolici.

Nel 1921 le organizzazioni aderenti alla CIL sono costituite da 27 organismi nazionali e da 127 organizzazioni locali. Gli iscritti alla Confederazione sono cresciuti rapidamente di numero: dagli iniziali 162.000, sono diventati circa 1.500.000. La CGL arriva invece a circa due milioni. Tuttavia, mentre le tre federazioni nazionali agricole aderenti alla CIL tesserano «per famiglia», la CGL tessera i lavoratori agricoli individualmente. La differenza fra gli iscritti non è dunque molto rilevante.

3. *Case del popolo*

Le case del popolo dimostrano una vivacità notevole sin dall'inizio del secolo. L'espressione «casa del popolo» è comparsa per la prima volta nel 1893, durante il secondo congresso socialista a Reggio Emilia, in occasione del quale è inaugurata la nuova sede della cooperativa di Massenzatico, un paese nei pressi di Reggio. È una cooperativa di consumo, rinominata «casa del popolo». Da quel momento sorgono case del popolo in Emilia, Romagna, Toscana, Lombardia e Lazio. La prima casa creata da cattolici è quella di Faenza, nata nel 1905. A Reggio Emilia, nel 1900, ne è sorta una repubblicana. Si tratta di luoghi di raduno di ispirazione spesso socialista, legati al territorio,

[9] *Ibid.*

che gli abitanti di una certa zona percepiscono come una casa comune, cui sono disposti a dedicare tempo e denaro. Le case del popolo socialiste promuovono la lotta proletaria e la messa in comune delle risorse. I lavoratori vi si radunano per trascorre il tempo libero e per incrementare la coscienza di classe. Un segretariato è a disposizione per «tutte quelle informazioni e quei consigli di cui il popolo abbia bisogno». Intere serate, domeniche e festività si passano con «trattenimenti musicali o [...] spettacoli di prosa» allestiti da un «teatro del popolo». Da una casa all'altra, si assiste ad esposizioni d'arte ambulanti, organizzate per educare il senso estetico dei lavoratori. Una sala di lettura ospita la biblioteca popolare, a volte è presente un'aula per le lezioni dell'Università popolare. «Case di riunione del Popolo – sostiene Eugenio Rigano nel 1917 –, dove calmo e inavvertito si diffonda quel dolce tepore intellettuale e orale verso il quale tende istintivamente ogni uomo sano, che non sia ancora abbrutito dall'eccessivo lavoro o dal vizio»[10].

Un giornale socialista di Ferrara descrive così la creazione della casa del popolo di Migliarino:

«Nel giugno 1901 a Migliarino non eravi ancora la speranza di un'organizzazione proletaria; c'erano qualche decina di socialisti senza casa e senza tetto, che s'adunavano nelle osterie all'insaputa del padrone, che li avrebbe certamente mandati all'inferno anche rinunciando a vendere qualche litro di vino per non avere noie dalla polizia, la quale era sempre alle calcagna di questi rivoluzionari che desideravano di trovarsi qualche volta, per discutere [...]. Quando un bel mattino la macchia d'olio dell'organizzazione allargandosi sempre arriva fino a Migliarino. 'Nel mantovano ci sono le Leghe, sono trenta, sono quarantamila, nel Bondesano, a Gambalunga, a Berra, ci sono pure le leghe, facciamola anche noi'. Ed ecco riunirsi il giorno dopo quattrocento contadini all'orecchio dei quali era giunta questa voce che chiamava a raccolta.

In piazza non ci si può stare; il delegato non vuole; c'è un bracciante che possiede poche spanne di terreno sulla riva del Volano il quale grida con sussiego: 'Venite tutti nella mia proprietà'. E la folla s'ammucchiava tosto al luogo indicato, ma il cielo ingrato si rannuvola d'un

[10] E. Rigano, *Per un programma nazionale di cultura popolare*, a cura dell'Unione Italiana dell'educazione popolare e della Federazione Italiana delle biblioteche popolari, Milano, 1917.

tratto, un temporale estivo minaccia un'abbondante caduta d'acqua, e l'adunanza si scioglie... per mancanza di tetto e d'ombrelli.

Ma anche il temporale passa, come le cose brutte e belle di questa terra, e i 400 contadini si adunano finalmente nello stesso luogo e costituiscono la Lega. 'Va bene – dice l'organizzatore di quel luogo – va bene questo, ma come faremo però a riunirci per trattare di cose serie ed importanti?'. Tutti zitti, ed egli lancia l'idea. 'Vedete – continua – se ognuno di noi fosse capace di un piccolo sacrificio, al di sopra delle nostre teste potrebbe esserci un tetto, e ai nostri fianchi dei muri...'. Tutti gridano: 'Facciamo una casa... Ben detto, facciamo una casa'. Si contano: fra presenti e assenti sono 600, ci staranno tutti, anche le donne non dicono di no [...].

Otto giorni dopo la casa è in piedi, e dopo quindici la si comincia a frequentare. Il piccolo proprietario ha ceduto la terra, i muratori hanno prestato la loro mano d'opera dopo che avevano lavorato per l'impresario capitalista [...]. Nessuno di quei contadini avrebbe sognato mai di poter arrivare a dire: 'Questa casa è mia', adesso tutti lo possono dire, perché tutti sono in lega.

Una sera però nell'adunanza tanto il locale è vasto, s'accorsero che mancavano i lumi. Uno chiedeva la parola e bisognava gridare: 'Chi sei tu?', perché nessuno lo vedeva e lo conosceva. 'Manca la luce', gridarono indispettiti quei lavoratori. 'Chi cerca la luce fuori due baiocchi', propone l'organizzatore; tutte le mani si alzarono, e due giorni dopo un bellissimo impianto di acetilene rischiarava quell'immensa sala, ove riunivansi a centinai i lavoratori. Avevano gridato uniti: Sia la luce... e la luce fu.

Adesso quella casa è la famiglia vera dei contadini migliarinesi, i quali si adunano tutte le sere per comunicarsi i loro pensieri, per ripetersi le loro pene, per educare le loro menti. È la loro scuola, il loro tempio. Mentre bevono il bicchiere di vino un compagno salta sul tavolo e predica, per istruirsi e istruire. Fra qualche mese avremo i contadini conferenzieri. Là dentro non si giuoca, là dentro non si litiga; là dentro la vita è migliore, gli uomini diventano più buoni.

Dopo quattordici anni la casa tornerà al proprietario della terra, che intanto ne paga le tasse, ma i contadini hanno acconsentito allegramente anche a questo patto perché dissero: 'Fra 14 anni saremo i padroni del mondo'»[11].

[11] «I miracoli dell'organizzazione. La casa del Popolo di Migliarino», in *La Scintilla*, 2 marzo 1902.

Anche i cattolici costruiscono le loro case del popolo. Prima della guerra ne nascono a Monza e a Bergamo. Dopo il conflitto, a Milano ne esistono due, una collegata all'Opera cardinal Ferrari, di dimensione cittadina, e una nel quartiere periferico della Fontana. Anche queste iniziative riflettono «l'urgente necessità per i cattolici di affrontare con una precisa identità e con strumenti adeguati al tempo alcune tra le piaghe sociali che affliggono la società e che nelle grandi città emergono con particolare acutezza»[12]. La casa del popolo dell'Opera cardinal Ferrari è inaugurata dall'arcivescovo Achille Ratti nel 1921 e diventa la sede cittadina di molte attività che mirano a elevare moralmente e materialmente il popolo. Nella casa trovano ospitalità i sindacati cristiani, scuole professionali, biblioteche popolari, cooperative, cucine economiche e dormitori. Vi è anche un teatro popolare. Un refettorio per gli operai ha l'obiettivo di «dar da mangiare a buon mercato e bene, però facendo pagare a tutti». Non si tratta quindi di beneficenza, ma di assistenza, che lascia «ad altre istituzioni sante e pie la carità dell'elemosina»[13]. Il modello è trapiantato all'interno di alcune fabbriche: alla Pirelli, alla Brill e alla Carlo Erba 5000 operai usufruiscono del servizio mensa.

La casa del popolo della Fontana, fondata da don Basilio Grazioli, è espressione del cattolicesimo locale e si pone in continuità con la «pastorale del lavoro» del cardinale Andrea Carlo Ferrari. Inaugurata il 5 ottobre 1919, opera in un popoloso rione segnato da un rapido sviluppo industriale, dove il movimento operaio di ispirazione socialista è rilevante.

«La casa del popolo della Fontana è una istituzione filantropica che senza essere un istituto propriamente detto, o un oratorio o una scuola, o un'associazione cattolica, di tutte queste forme d'assistenza raccoglie le finalità e ne semina tra il popolo del rione i frutti di bontà e di carità. È l'azione esterna della Chiesa, che segue il popoloso quartiere nelle vicende della vita di ogni giorno e lo conforta perché qual Madre non può disinteressarsi delle necessità dei figli suoi [...]. Riassume le sue finalità nel motto: formare coll'assistenza religiosa e sociale continua, illuminata, onesti cittadini alla Chiesa e alla Patria»[14].

---

[12] G. Paolucci, *La casa del popolo. Origini e vicende dell'Opera Cardinal Ferrari*, Milano, NED, 1980, p. 41.
[13] *Ibid.*, p. 20.
[14] «L'Avvenire della Fontana», ottobre 1927, Nota di redazione, cit. in M. Bocci, *La casa del popolo alla Fontana*, NED, Milano 1991, p. 9.

È la prima casa del popolo sorta a Milano e realizza diverse iniziative, pensate soprattutto per gli operai che lavorano negli opifici del quartiere: un circolo di cultura e un circolo femminile, una Unione giovani, un «sub-ufficio del lavoro» per il collocamento degli operai, un segretariato del popolo, un giornale rionale, una Cassa depositi a risparmio, una «Sottosezione delle madri e delle vedove di guerra», un salone-teatro, un gruppo buona stampa, una sezione turismo, diverse iniziative a sostegno di bisognosi e indigenti, un asilo infantile, un doposcuola, cucine operaie, una sottosezione del PPI, una squadra di esploratori cattolici e una sezione dell'Avanguardia giovanile, che difende le opere cattoliche dagli assalti di «rossi» e «neri». Molti gli incontri di formazione religiosa, morale e intellettuale: alla catechesi e alle pratiche di pietà si affiancano lezioni di musica e canto, conferenze di cultura, scuole di lavoro femminili e scuole professionali di vario tipo.

La casa della Fontana diventa così un punto di riferimento importante per il rione, con le sue molteplici attività assistenziali ed educative e con numerose iniziative politiche e sindacali. La sua storia fa incontrare un'autentica esperienza di Chiesa, che ha la capacità di inventare nuove forme di intervento nel momento in cui il fascismo chiude progressivamente ogni spazio di libertà: se la politica in senso stretto non sarà più possibile e le attività sindacali saranno vietate, non si rinuncerà alla presenza nella società, per rispondere ai bisogni emergenti e senza abdicare alla formazione dei giovani. Pur essendo connotata da impegno civile e patriottico, questa opera non sposa il patriottismo del regime e ne paga le conseguenze. Le difficoltà economiche che derivano da tante iniziative sono lo spunto per porre fine alla sua vita: all'inizio degli anni Trenta, nel clima arroventato dello scontro fra Chiesa e regime, anche la casa della Fontana (come del resto l'Opera cardinal Ferrari) è costretta a chiudere.

Tutte le case del popolo, cattoliche e socialiste, conosceranno l'ostilità fascista. Incursioni, violenze e occupazioni si susseguono man mano che il regime si consolida. Alcune saranno trasformate forzatamente in «case del fascio».

4. *Una società debole di fronte all'avanzata fascista*

Il primo dopoguerra italiano è segnato da contrapposizioni ideologiche profonde e da frustrazioni collettive pericolose. La società italiana, che pure dà vita a innumerevoli fenomeni di mobilitazione civile e di partecipazione collettiva, è una società divisa e tormentata da una serie di problemi di lunga durata, che la Grande Guerra ha acutizzato. Una nuova categoria sociale, quella del «reduce di guerra», diventa vera e propria forza di pressione con cui la classe dirigente fa fatica a misurarsi. Così scriverà Augusto Turati nel 1926:

«Scaraventati nella fornace [della guerra], noi siamo stati tutti riforgiati su di una misura ben differente da quella di prima [...]. Ben presto dovemmo accorgerci che il vecchio abito borghese era divenuto troppo stretto per il nostro torace allargato e la vecchia vita accidiosa ed egoista non poteva più essere l'ideale di colui che si era abituato a scagliare la propria anima oltre la meta. Molti, pur soffrendone, non capirono il loro disagio del passato, il loro tormento del futuro. Pochi, guidati da Uno, compresero che il combattente che si era forgiato nel crogiolo della guerra doveva a sua volta rifoggiare la vita. E gettarono i vecchi abiti ammuffiti per indossare ancora la lacera divisa di combattimento»[15].

Il mito della «vittoria mutilata» avvelena il dopoguerra: l'Italia ha vinto la guerra ma – come dice la polemica del tempo – sembra aver perso la pace. Non si può certo dire che il fascismo sorga dal nulla, quasi si tratti di una parentesi della storia italiana, quella parentesi che si augurava Benedetto Croce, sperando in un ritorno all'Italia liberale. L'esperienza della Grande Guerra ha cambiato milioni di uomini, che sono tentati di applicare alla società di pace i metodi violenti divenuti abituali in guerra. Il risultato è la radicalizzazione della vita politica e la militarizzazione della società civile. Nel laboratorio del primo dopoguerra alcuni partiti non esitano a costruirsi un braccio armato, che può essere utile quando verrà il momento di realizzare l'«ordine nuovo», uno *slogan*, questo, che attraversa diversi schieramenti politici e molte esperienze aggregative, specie giovanili.

[15] A. Turati, *Ragioni ideali di vita fascista*, Berlutti, Roma 1926.

In questo contesto nasce il movimento fascista, che contribuisce a esasperare le tensioni del dopoguerra ponendosi come una nuova alternativa alla vecchia Italia legale creata dal Risorgimento. Occorre «inverare» il Risorgimento, affermano i fascisti, liberando gli italiani da difetti secolari per farne una stirpe di dominatori e di conquistatori. Il fascismo, che troverà il suo duce in Benito Mussolini («un italiano contro gli italiani», come l'ha definito Prezzolini), amplifica antiche polemiche contro il carattere nazionale, che in realtà hanno segnato la storia dell'Italia unita e sono state alimentate in alcuni dei circoli intellettuali più influenti, di destra e di sinistra. Prima della guerra interventisti e futuristi avevano visto nel conflitto l'occasione storica per modernizzare il Paese:

«Che gli italiani abbiano finalmente la gioia inebriante di sentirsi soli, armati, modernissimi, in lotta con tutti e non pronipoti assopiti di una grandezza che non è più la nostra [...]. Bisogna prendere partito, infiammare la propria passione, esasperare la propria fede per questa grandezza nostra futura che ogni italiano degno di questo nome sente nel profondo, ma che desidera troppo fiaccamente! Ci vuole del sangue, ci vogliono dei morti... Bisognerebbe impiccare, fucilare chi devia dalla idea di una grande Italia futurista»[16].

L'ascesa del fascismo è frutto di molti fattori, non ultimi la debolezza delle istituzioni e del ceto dirigente e l'incapacità dei partiti di trovare un terreno di accordo, che superi le divergenze politiche e ideologiche. Il fascismo, nato come fenomeno minoritario, intercetta le attese e le ansie del ceto medio italiano. Sono i giovani della piccola e media borghesia gli interlocutori della nuova formazione politica, che si presenta ai loro occhi come l'occasione di una «rivoluzione» nazionale.

Anche il fascismo prende parte ai conflitti di classe del dopoguerra: per quanto confusamente, mira a stabilire rapporti non conflittuali tra capitale e lavoro. Interviene così nell'aspro conflitto ideologico, sociale e politico dell'immediato dopoguerra, pretendendo il superamento del sistema liberale, in campo politico e sociale, e l'adozione di soluzioni che si riallacciano al modello corporativo. Divenuto nel 1920 movimento d'ordine e nel 1921 partito, si dota di una propria organizzazione sin-

[16] U. Boccioni, «Contro la vigliaccheria artistica italiana», in *Lacerba*, 1 settembre 1913.

dacale. Dopo aver creato le prime strutture territoriali in Emilia, Veneto e Toscana, nel 1922 dà vita alla Confederazione nazionale delle corporazioni fasciste, che si pone come obiettivo il superamento della lotta di classe attraverso la subordinazione degli interessi individuali e di gruppo alle superiori istanze della produzione nazionale. Il nuovo sindacato non si presenta però come libera associazione volta a tutelare gli interessi di una parte in un contesto segnato dalla pluralità sociale. Per i fascisti il sindacato deve inglobare i datori di lavoro, gli intellettuali e le diverse classi sociali, creando un'organizzazione integrale delle forze del lavoro e delle forze produttive, sottoposta al controllo del Partito Nazionale Fascista. Tra il 1923 e il 1925 il sindacato punta al monopolio della rappresentanza dei lavoratori e toglie potere contrattuale alle organizzazioni sindacali libere, con il risultato che gli aderenti alla CGL e alla CIL diminuiscono sensibilmente. Per raggiungere l'obiettivo i fascisti fanno ricorso alla repressione violenta degli avversari, potendo contare sul sostanziale appoggio delle autorità di pubblica sicurezza, e stringono rapporti privilegiati con le organizzazioni padronali. Il processo ha il suo compimento nell'ottobre del 1925. A quella data, con l'accordo di Palazzo Vidoni, la Confindustria e la Confederazione delle corporazioni sottoscrivono un patto, riconoscendosi reciprocamente il ruolo di rappresentanti unici del mondo dell'impresa e di quello del lavoro subordinato. I sindacati liberi sono costretti a sciogliersi.

II. UN NUOVO STRUMENTO DI PRESENZA PER LA CHIESA

1. *«Oggi un gigante si scuote dal sonno». L'Azione Cattolica di Pio XI*

Gli anni dell'avvento del fascismo segnano una cesura profonda per la storia del cattolicesimo italiano. Mentre scompare, colpita dal fascismo, la rete organizzativa che per più di cinquant'anni ha innervato le strutture del movimento cattolico, con il pontificato di Pio XI, eletto papa il 6 febbraio 1922, si apre una nuova epoca nella storia dell'Azione Cattolica. Nel 1923 la riforma dei suoi statuti sancisce l'avvio di un processo di ristrutturazione, che le conferisce una nuova centralità. In una società affetta dalla «peste» del «laicismo coi suoi errori e i suoi empi incentivi»[17], l'AC è lo strumento per eccellenza di cui Pio XI vuole dotare la Chiesa, per consentirle di agire in modo più efficace nel mondo.

Per Pio XI l'Azione Cattolica è la «collaborazione dei laici organizzati all'apostolato gerarchico della Chiesa, al di fuori e al di sopra dei partiti politici, nell'intento di restaurare il regno universale di Gesù Cristo». La restaurazione della società cristiana non può essere frutto di un progetto politico – sia pure cristianamente ispirato –, ma è l'esito di un'opera educativa a tutto campo, che investa ogni ambito dell'attività umana. L'impostazione apolitica riflette il contesto storico contingente, caratterizzato – in Europa e non solo – dalla presenza di sistemi autoritari o totalitari, che non lasciano spazio alla libera iniziativa. Diventa allora la formazione cristiana della persona la via da perseguire. Rivolgendosi ai giovani dell'AC di Roma, il Papa afferma:

«Quando sarete così formati, allora vi troverete in grado di trovare la parola di risposta a qualunque problema che la vita vi presenti e vedrete con la pratica l'ampia sfera alla quale si estende la formazione vostra, la portata magnifica che hanno le sue conseguenze. Ma precisamente per questo la vostra opera di oggi deve essere esclusivamente opera di formazione»[18].

---

[17] Pio XI, *Quas primas*, 11 dicembre 1925.

[18] Pio XI, *Discorso ai membri della Società della gioventù cattolica italiana* (22 ottobre 1923), in M. Casella, *Pio XI e l'Azione Cattolica italiana*, in *Achille Ratti pape Pie XI*. Atti del Colloquio organizzato dall'École française di Roma in collaborazione con l'Università di Lilla 3, Roma 15-18 marzo 1989, École française de Rome, Paris-Roma 1996, p. 633.

Dalla metà degli anni Venti, l'Azione Cattolica diventa pressoché l'unica organizzazione non fascista che può operare ufficialmente nel Paese, a ogni livello di età e per ogni categoria sociale. Nel disegno di Pio XI deve diffondersi in tutta Italia, «da Zara a Tripoli». Ed effettivamente il numero degli associati cresce, soprattutto al Nord. All'inizio degli anni Trenta conta un milione e trecentomila iscritti, e in alcune zone del Paese coinvolge un quinto della popolazione. Alla fine del decennio raggiunge una diffusione di massa.

«Oggi un gigante si scuote dal sonno; forze insospettate [...] cominciano a muoversi con una carica di energie primordiali. L'Azione Cattolica ha risvegliato il gigante; negli istituti laicali dei nostri giorni e in mille altre singole iniziative si capisce che il grido è stato ascoltato e che il laico comincia ad assumersi le proprie responsabilità. Le forze sono così imponenti che dobbiamo considerare un fatto provvidenziale che contemporaneamente si accentuino l'organizzazione e la centralizzazione nella Chiesa attuale: sono, infatti, destinate a dare ordine a queste energie, impedendo che si disperdano. Ma organizzazione e centralizzazione sono valori vitali a condizione che le forti energie riempiano e mettano in moto le turbine»[19].

L'AC è strutturata in sei organizzazioni nazionali simmetriche: tre maschili (la Federazione italiana uomini cattolici, la Società della gioventù cattolica e la FUCI, Federazione universitaria cattolica italiana) e tre femminili (l'Unione donne, la Gioventù femminile e la FUCI femminile). A queste si aggiungono i Segretariati per la scuola e per la moralità, l'Istituto cattolico di attività sociali, i Fanciulli, i Maestri e i Laureati. Lo schema si ripete a livello locale (diocesano e parrocchiale). A questo «modello italiano», che troverà applicazione anche in altri contesti nazionali, si affianca, negli anni Trenta, una maggiore specializzazione dei rami di Azione Cattolica, stimolata dagli esempi dell'esperienza belga e francese, cui Pio XI si richiama nell'enciclica *Quadragesimo anno*:

«Come in altre età della storia della Chiesa, noi dobbiamo lottare con un mondo ricaduto in gran parte nel paganesimo. Ora per ricondurre a

[19] H. Urs von Balthasar, *Schleifung der Bastionen*, Johannes, Einsiedeln 1952, trad. it. *Abbattere i bastioni*, in *La percezione dell'amore,* Jaca Book, Milano 2010, pp. 16-18.

Cristo le classi diverse di uomini che l'hanno rinnegato, è necessario anzitutto scegliere nel loro seno e formare ausiliari della Chiesa, che ne comprendano lo spirito e i desideri e sappiano parlare ai loro cuori con senso di fraterno amore. I primi e immediati apostoli degli operai devono essere operai; industriali e commercianti, gli apostoli degli industriali e degli uomini di commercio»[20].

Tra i compiti dell'AC vi sono le attività nei settori assistenziali ed educativi, che vedono la Gioventù femminile imporsi da protagonista, e la vivace produzione culturale, in cui sono impegnati i rami intellettuali. Significative sono anche le campagne per la diffusione del quotidiano cattolico, per la conquista di radio e cinema, la diffusione dei ricreatòri e delle sale parrocchiali, la moltiplicazione della stampa periodica con pubblicazioni specializzate (ad esempio *Il Vittorioso*, periodico a fumetti per ragazzi, che si pone in alternativa ai *comics* americani). Su tutto domina l'impegno pedagogico, che propone percorsi formativi alternativi a quelli dell'associazionismo fascista, garantiti dal Concordato che, all'articolo 43, stabilisce: «Lo Stato italiano riconosce le organizzazioni dipendenti dall'Azione Cattolica Italiana, in quanto esse, siccome la Santa Sede ha disposto, svolgano la loro attività al di fuori di ogni partito politico e sotto l'immediata dipendenza della gerarchia della Chiesa per la diffusione e l'attuazione dei principi cattolici». È così che, all'interno dell'AC, maturano ambiti di aggregazione a volte svincolati dal controllo della dittatura e dotati di una certa capacità di manovra. Sono luoghi educativi importanti, che tutelano

«una gran moltitudine e varietà di opere, di istituzioni e di imprese, e ciascuna di esse con un intento determinato e una vita sua propria. Che, se restassero da sole, fuori da ogni organizzazione, non otterrebbero se non un bene ristretto e particolare, col rischio di vedersi intralciate nei loro progressi o anche di intralciare le altre; laddove inserite, mediante l'organizzazione, nei quadri dell'Azione Cattolica, non vi perdono nulla della loro vitalità propria e della loro legittima autonomia, ma entrando nell'orbita dell'organismo superiore ne partecipano la vita più efficace e più alta, e tendendo a un fine superiore, danno al medesimo tempo e ricevono, secondo il noto assioma che 'l'unione fa la forza'»[21].

[20] Pio XI, *Quadragesimo anno*, 15 maggio 1931, n. 143.
[21] «Intorno alla definizione dell''Azione Cattolica'»,in *La Civiltà Cattolica*, 1932, vol. I, quaderno 1958, p. 134.

2. *I laici, subordinati o protagonisti?*

Della visione allora prevalente si fa interprete il cardinale Pietro Gasparri, quando ribadisce che quella dei laici inquadrati nell'AC è un'azione «esecutrice nell'ordine pratico»[22]. Il ruolo dei laici, tuttavia, non è meramente passivo. Se «nell'ordine teorico (cioè dei principi e delle norme) la direzione spetta alla sola gerarchia in quanto depositaria dei poteri apostolici», nell'«ordine pratico ed esecutivo la direzione spetta ai laici»[23]; laici che, stretti dai vincoli di carità ed obbedienza, fanno proprie le mete e le intenzioni della gerarchia.

A guardarla oggi, l'impostazione gerarchica dell'Azione Cattolica di Pio XI appare lontana dalla sensibilità che si è diffusa nel mondo cattolico sopratutto in seguito ai cambiamenti favoriti dal Concilio Vaticano II, che hanno aperto la strada a un pluralismo di soggetti ecclesiali. Occorre tuttavia considerare che organizzazione e centralizzazione sono le modalità con cui la Chiesa ha reagito alle sfide lanciate dai sistemi totalitari. Proprio dall'Azione Cattolica, del resto, sono emerse figure davvero significative, che non corrispondono allo stereotipo del laico acriticamente sottomesso alla gerarchia ecclesiastica. Numerosi sono stati i laici che

> «al centro come nelle diocesi e nelle parrocchie, [...] pur nell'obbedienza liberamente accettata e vissuta, vivevano intensamente, e non solamente da esecutori, la loro vocazione laicale. Alla scuola di Pio XI crebbe e si formò una generazione di laici ricchi di entusiasmo e di spirito di iniziativa, capaci di farsi ascoltare oltre che di ascoltare, di dare consigli oltre che di mettere in pratica quelli ricevuti, in grado cioè non solo di ubbidire ma di collaborare attivamente, cioè da attori e non da semplici e passivi spettatori, con i loro vescovi e parroci, specie al momento di mettere a punto i piani pastorali e di elaborare strategie di testimonianza cristiana nella società del tempo»[24].

Fra le due guerre nascono anche nuove forme di apostolato (i futuri Istituti secolari), come risposta al desiderio, crescente fra i laici, di consacrarsi a Dio pur restando nel mondo.

---

[22] Lettera del cardinale Gasparri ai vescovi sulla revisione degli statuti dell'AC, 2 ottobre 1922, cit. in M. Casella, *Pio XI e l'Azione Cattolica italiana*, cit., p. 620.
[23] *Ibid.*, p. 622.
[24] *Ibid.*, pp. 636-638.

3. *Giuseppe Dalla Torre al servizio della Chiesa e del Paese*

Giuseppe Dalla Torre (1885-1967) ha vissuto da protagonista la vicende del cattolicesimo italiano. La sua figura è esemplare di una stagione del laicato cattolico capace di esprimere tante personalità e molte opere.

«La storia di uomini come Dalla Torre [...] dimostra che il laicato in Italia ha avuto un ruolo forte, una propria autonomia rispetto all'istituzione ecclesiastica, pur nella devozione, nell'obbedienza e nella fedeltà alla Chiesa [...]. Bisogna anche ricordare che la Chiesa di allora era molto diversa dalla Chiesa di oggi, più coesa, più compatta, più unita. Una realtà in cui i ruoli e le competenze erano chiari perché lo scopo da raggiungere era lo stesso per tutti, con spazi di autonomia e creatività ben più ampi ed estesi di quanto oggi si immagini, ma all'interno di un orizzonte comune»[25].

Dalla Torre opera in posti chiave per la vita della Chiesa, dove si misura la capacità dei cattolici di fare i conti con le tensioni e i cambiamenti in atto. Vive in un periodo segnato da trasformazioni radicali e da tragedie individuali e collettive. Solo in questo contesto è possibile comprendere la statura umana di Dalla Torre, figlio della sua epoca ma al tempo stesso capace di distinguersi per acume e originalità, interprete peculiare del fervore associativo che interessa il movimento cattolico e una tra le personalità che più hanno messo a disposizione della Santa Sede le doti di equilibrio e di solidità ideale che sono indispensabili a sostenere le responsabilità della direzione dell'*Osservatore Romano*.

Il conte Giuseppe Dalla Torre Del Tempio di Sanguinetto è nato a Padova. Giovanissimo, intraprende la carriera giornalistica e già nel 1909 dirige il quotidiano *La Libertà*. Laureatosi in Giurisprudenza, è assessore comunale dal 1910 al 1912. Riveste incarichi di rilievo nel movimento cattolico: nel 1911 è chiamato alla presidenza dell'AC padovana; un anno dopo, Pio X lo nomina presidente dell'Unione popolare, allora la maggiore organizzazione del laicato cattolico. Benedetto XV lo promuove, nel 1915, presidente della Giunta direttiva di AC e, nel 1920, direttore dell'*Osservatore Romano*. Il conte ricoprirà questo incarico per più di un quaran-

[25] G. Romanato, *Protagonista senza protagonismi*, in M. Bocci (a cura di), *Giuseppe Dalla Torre. Dal movimento cattolico al servizio della Santa Sede*, Vita e Pensiero, Milano 2010, p. 134.

tennio, sino al 1960. Sono anni infuocati: l'arroventato dopoguerra e la crisi dello Stato liberale, l'ascesa del fascismo, la Seconda guerra mondiale e la rifondazione della Democrazia Cristiana. Durante i mesi dell'occupazione nazista Dalla Torre collabora con gli esponenti del CLN romano e si adopera per proteggere perseguitati e ricercati.

In un periodo così difficile Dalla Torre guida il giornale vaticano sapendo coniugare fedeltà assoluta alla Santa Sede e spirito di iniziativa del tutto personale. Non manca di assumere posizioni critiche verso il fascismo e il nazismo. E così l'*Osservatore Romano* rimane, in Italia, una delle poche voci libere all'interno di un regime sempre più dittatoriale.

«Quella di Dalla Torre non era una resistenza organizzata nella clandestinità o rimandata a tempi migliori, bensì l'opposizione che, giorno per giorno, si guadagnava la possibilità di influire sull'opinione pubblica e di nutrire gli animi con una sostanza ben diversa da quella imposta dal regime, entrando nelle case degli italiani e abituandoli a letture riparate e domestiche, ma non per questo meno incisive nei modi di essere e di pensare»[26].

Negli anni della direzione di Dalla Torre l'*Osservatore* accresce in prestigio e diffusione. Il carattere battagliero della testata le procura l'ostilità del regime, che tiene sotto stretta sorveglianza il direttore e cerca di arrestarlo. Anche per questo la diffusione del quotidiano della Santa Sede arriva a cifre mai raggiunte prima: circa sessantamila copie, con punte forse intorno alle centomila[27].

«Con l'avvento del fascismo, infatti, il giornale vaticano aveva davanti due strade possibili: o rafforzare la sua natura di organo vaticano e appiattirsi a portavoce dell'ufficialità ecclesiastica, rimanendo indifferente ai problemi circostanti, o, al contrario, rafforzare la sua vocazione civile, parlando anche per coloro che non potevano più parlare. La scelta di questa seconda strada è un merito che va ascritto soprattutto al direttore»[28].

Piero Calamandrei, all'Assemblea Costituente, si riferirà all'*Osservatore Romano* come all'«unico giornale nel quale si poteva trovare ancora qualche accenno di libertà».

[26] M. Bocci, *Premessa*, in *Giuseppe Dalla Torre*, cit., p. IX.
[27] G.M. Vian, *La figura di Giuseppe Dalla Torre secondo le sue «Memorie»*, *ibid.*, p. 16.
[28] G. Romanato, *Protagonista senza protagonismi*, cit., p. 133.

4. *Armida Barelli, una donna che ha fatto le italiane*

È il 1917, l'anno di Caporetto: una giovane donna della borghesia milanese di orientamento liberale, Armida Barelli (1882-1952), sollecitata dal cardinale Ferrari fonda la Gioventù femminile di Azione Cattolica. La Barelli è nata a Milano e ha studiato nella Svizzera tedesca, nel collegio di Menzingen, retto dalle Terziarie regolari francescane. Nel 1910 ha conosciuto padre Agostino Gemelli ed è entrata a far parte del Terz'ordine francescano. Nel 1917, con padre Gemelli, organizza la consacrazione di oltre due milioni di soldati italiani al Sacro Cuore. Nello stesso anno l'arcivescovo di Milano la invita a occuparsi del movimento femminile cattolico. Nascono così i primi circoli della GF. Nel 1918 Benedetto XV la nomina presidente della GF e le affida il compito di diffonderla nelle diocesi italiane. Da allora, incominciano i viaggi della Barelli in tutta la penisola, alla ricerca di ragazze che aderiscano alla Gioventù femminile, di cui lei stessa si definisce la «sorella maggiore». La Barelli e le sue «signorine» organizzano ovunque incontri e adunanze. Non si tratta di viaggi improvvisati: queste giovani donne si preparano con cura, si fanno anticipare dalla corrispondenza con i vescovi e dalla raccolta di materiale di propaganda[29]. L'obiettivo, perseguito con successo, è di quello diffondere l'organizzazione in tutto il Paese. Alla fine del primo anno di vita, la GF è presente in 78 diocesi e conta oltre 50.000 iscritte; negli anni Quaranta sono un milione e mezzo.

«Ci dissero: quante siete? E che cosa vi illudete di fare? Non sapete che la società moderna è contro di voi? Che mai potrà ottenere un gruppo di giovinette contro il socialismo, la massoneria, l'anticlericalismo, le sette, il liberalismo e tutti gli altri avversari della religione? E noi non esitammo a rispondere: 'Tutto possiamo ottenere' [...] poiché tutto si ottiene con l'organizzazione. Tutto si raggiunge quando si combatte nel nome di Dio»[30].

La GF raggiunge le ragazze italiane in maniera capillare, nelle parrocchie, e riesce a mobilitare intere schiere di giovani, proponendo un'inedita forma di apostolato laicale e femminile, in vista del rinnovamento religioso della società. La formazione morale e intellettuale delle socie è favorita tramite convegni, pubblicazioni, scuole per propagandiste, gare

[29] A. Majo, *Armida Barelli*, NED, Milano 1989, pp. 49-50.
[30] A. Barelli, *La sorella maggiore racconta*, Vita e Pensiero, Milano 1949.

di catechismo. Lo scopo è quello di educarle cristianamente e di far loro riscoprire il valore della vita e della famiglia. Attraverso la rivista quindicinale *Squilli di Risurrezione*, molte ragazze, ancora analfabete, imparano a leggere. Nel Meridione, dove le giovani vivono isolate da contatti sociali esterni alle famiglie, la GF provoca una sorta di rivoluzione culturale. Raccontando di un viaggio in Sicilia, Armida ricorda un dialogo che avuto con il cardinale Lualdi, arcivescovo di Palermo:

«'Senta, figliola, la Gioventù Femminile come l'avete fatta a Milano va bene per il nord, ma per la Sicilia non va proprio; in Sicilia le giovani non escono sole neppure dopo il matrimonio e voi volete mandarle in propaganda nei paesi a fondare le Associazioni? No, no, risparmi la fatica per la GF nell'Italia meridionale; domani la mando con la mia automobile a vedere il Duomo' [...]. 'Eminenza, mi permetta almeno di provare; voglio poter dire al Santo Padre: 'Si è provato e la GF non attacca nell'Italia meridionale'. Non sono venuta di mia iniziativa. Ho pianto, ho pregato il Santo Padre di dispensarmi, ma lui ha detto: 'Obbedisca, figliola, Iddio l'aiuterà, glielo promettiamo' e fin qui, dovunque sono stata la GF è sorta. Possibile che per la Sicilia non valga la promessa del Papa?'. 'Ha ragione lei, figliola, proviamo»[31].

Soprattutto nel sud del Paese, la GF costituisce un'eccezionale occasione di apertura e di progresso.

Negli anni del fascismo la Barelli si adopera per proteggere le ragazze italiane dall'influenza del regime e a tal fine estende i quadri dell'associazione a tutte le fasce d'età, fondando le «Piccolissime» (bambine con meno di sei anni) e gli «Angioletti» (dalla nascita ai tre anni). La valenza civile della GF, già evidente per la sua capacità di funzionare da punto di riferimento per le giovani in alternativa alle organizzazioni fasciste, si intensifica ancor di più con la fine della guerra. Accolto con entusiasmo il suffragio femminile, le gieffine si impegnano per la sensibilizzazione politica delle donne e lottano contro l'astensionismo nelle elezioni del 1946 e del 1948, contribuendo in maniera significativa alla vittoria della Democrazia Cristiana.

[31] *Ibid.*, pp. 25-26.

III. UNA UNIVERSITÀ LIBERA PER L'ITALIA

Nel 1921 viene fondata, a Milano, l'Università Cattolica del Sacro Cuore, frutto di una storia che è iniziata nella seconda metà dell'Ottocento e ha coinvolto i nomi più noti del cattolicesimo italiano, da tempo impegnati nella battaglia per la libertà di insegnamento. L'idea di un ateneo cattolico è nata nel quadro dell'intransigentismo e dell'Opera dei congressi, non senza il contributo di pensatori della corrente transigente e conciliatorista.

1. *L'Università Cattolica, contributo al progresso nazionale*

I promotori dell'ateneo, un gruppo di amici legati al francescano padre Agostino Gemelli (1878-1959), vogliono rinnovare la cultura cattolica italiana, portandola al livello della cultura cattolica d'oltralpe. L'obiettivo è quello di favorire la «riconciliazione tra scienza e fede», un'esigenza assai sentita da Gemelli, scienziato di formazione positivista, convertito al cattolicesimo nel 1903, in seguito tra i più noti psicologi italiani. Così scrive nel 1919:

«I cattolici debbono avere una loro università, ossia un loro focolaio di attività scientifica, per dar modo agli scienziati cattolici di esercitare la loro funzione nel campo della scienza. [...] Infatti lo scienziato cattolico, con il contribuire a scoprire orizzonti sempre nuovi alla scienza dà innanzi tutto agli uomini onesti la dimostrazione di fatto che lo spirito della fede non è contrario a quello scientifico. [...] Ma perché lo studioso cattolico possa svolgere questa attività, è necessario che egli sia posto in condizioni speciali di studio [...]. Occorre che egli sia così a sufficienza indipendente da poter mantenere intatta la sua fisionomia e da poter liberamente esplicare le proprie attitudini. Occorre che egli abbia a propria disposizione i mezzi necessari di studio oggidì così complessi, numerosi, che non possono essere patrimonio di individuo ma patrimonio di istituti. [...] Formare degli uomini, che dissodino il difficile campo della scienza, mostrare il rispetto che la Chiesa ha per la ragione umana e il frutto che essa attende dai suoi operai per la gloria di Colui che si è proclamato maestro della scienza»[32].

Il gruppo di sacerdoti, intellettuali e semplici fedeli che ha trovato un punto di riferimento in padre Gemelli – soprattutto Francesco Olgiati, Ludovico Necchi e Armida Barelli – mira a creare un ateneo d'avanguardia, dinamico e innovativo, che sappia recepire gli standard qualitativi delle migliori università straniere. L'esperienza di fede fa assegnamento sulle capacità di indagine e di ricerca, aprendosi alla «scienza per la scienza, ma ordinata alla vita». La

«scienza cioè – come afferma il francescano – ricercata senza alcuna preoccupazione, senza alcun pregiudizio, la scienza amata e servita come tale. Noi, ai quali troppe volte si è buttato in faccia l'accusa dei pretesi conflitti della scienza e della religione, dobbiamo dimostrare col fatto che la nostra fede ci insegna a lavorare nei nostri laboratori e nelle nostre biblioteche senza avere la preoccupazione di stabilire concordanze fra le affermazioni della scienza e quelle della religione, e che le nostre credenze ci insegnano il sacrificio più disinteressato per cooperare al progresso scientifico. Ma la ricerca scientifica, per non smarrire la via, deve essere ordinata alla vita. L'azione sostiene e corregge il pensiero e lo garantisce dalle deviazioni; ordinata alla vita, ossia al bene, alle anime, al progresso, all'incivilimento, alla grandezza delle nazioni»[33].

Padre Gemelli pensa a uno strumento culturale di alto profilo, che sappia influire sul «riordinamento della società in base al modello cristiano», attraverso la formazione di una classe dirigente integralmente cattolica. L'Università Cattolica – afferma – sarà il primo

«germe dell'organismo che noi andiamo da tempo preparando, fondati sulla certezza che il nostro Paese non potrà non conquistare, anche nel campo della scuola, quella libertà che in tutti i Paesi più progrediti oggi è una realtà. Questa realtà feconda, noi oggi non reclamiamo solo con un platonico voto, ma con esperimento audace, atto a dimostrare che gli ita-

[32] A. Gemelli, «Perché i cattolici italiani debbono avere una loro università», in *Vita e Pensiero*, 20 luglio 1919, pp. 69-71.
[33] *Discorso inaugurale del Magnifico Rettore Fr. Agostino Gemelli, O.F.M. (4 dicembre 1922)*, in A. Cova (a cura di), *I discorsi di inizio anno da Agostino Gemelli a Adriano Bausola*, in *Storia dell'Università Cattolica del Sacro Cuore, Le fonti*, vol. I, Vita e Pensiero, Milano 2007, p. 35.

liani sono alfine anch'essi maturi per quella libertà della quale gli istituti scientifici superiori hanno bisogno e che è la condizione essenziale grazie alla quale essi possono assolvere il loro compito: preparare dirigenti della Nazione, istruire e formare le classi sociali più elevate, contribuire al progresso scientifico, elaborare le idee madri che, trasformate di poi nella azione, divengono il fermento del progresso e dell'incivilimento»[34].

L'Università Cattolica è inaugurata il 7 dicembre 1921 alla presenza del cardinale Ratti, futuro papa Pio XI, di vescovi, deputati del Partito Popolare e rappresentanti dell'Azione Cattolica. Scienze sociali e Filosofia sono le prime Facoltà. Nel 1924 la Cattolica ottiene, in applicazione della riforma Gentile, il riconoscimento giuridico da parte dello Stato italiano come università libera, retta da un proprio statuto, ma con ordinamento didattico analogo a quello degli atenei di Stato e il diritto di conferire titoli accademici aventi valore legale. In seguito alla ristrutturazione dell'ordinamento didattico, nascono nuovi corsi di studio, con le Facoltà di Lettere e filosofia e di Giurisprudenza. Nel 1923 era stato creato l'Istituto superiore di Magistero «Maria Immacolata», divenuto nel 1936 Facoltà di Magistero. Nel 1926 nasce la Scuola di Scienze politiche, economiche e sociali che dà vita, qualche anno dopo, alla Facoltà di Scienze politiche, economiche e commerciali, e poi alle Facoltà di Economia e commercio e di Scienze politiche. L'attività didattica della Facoltà di Agraria, nella sede di Piacenza, inizierà nel 1953. Nel 1961 si concretizzerà un vecchio sogno di padre Gemelli, la Facoltà di Medicina e chirurgia, inaugurata da Giovanni XXIII presso la sede romana dell'ateneo.

2. *Libertà di insegnamento e risorgimento nazionale*

L'impresa culturale di padre Gemelli eredita dal movimento cattolico la battaglia a favore della libertà di insegnamento, individuando nel monopolio educativo dello Stato la causa dei difetti del sistema scolastico dell'Italia unita. Nel 1923 padre Gemelli commenta così la situazione dell'università italiana:

[34] *Discorso inaugurale del Magnifico Rettore Fr. Agostino Gemelli, O.F.M. (4 dicembre 1922)*, cit., pp. 33-34.

«Quando, due anni or sono, l'Università Cattolica iniziava la sua attività, vigeva in Italia, in fatto di insegnamento in genere e in special modo in fatto di insegnamento superiore, un regime di assoluto monopolio; le quattro Università che allora si chiamavano libere non lo erano che di nome; a queste e a tutte le altre provvedeva lo Stato; il regime didattico e amministrativo era in tutte le Università del Regno ricalcato su di un unico modello, tanto che di fronte al marasma della nostra vita universitaria, al decadimento degli studi, alla inerzia della vita scientifica, alla insufficienza didattica del nostro insegnamento superiore, più di uno studioso additava, come rimedio fondamentale, l'autonomia universitaria, grazie alla quale si sperava che ciascuna università capace di rinnovamento e avente sufficiente vita interiore avrebbe potuto attuare quelle riforme e quegli ordinamenti che i mutati bisogni e le rinnovate condizioni rendono necessari per ricondurre le nostre Università a compiere la loro grande missione nazionale»[35].

La libertà di insegnamento per Gemelli avrebbe rafforzato il vincolo nazionale, contribuendo non soltanto al rinnovamento della formazione universitaria impartita anche nelle Università Regie, ma al consolidamento dell'Italia unita.

«L'Università Cattolica nasceva nel dicembre 1921 come un esperimento fondato soprattutto sulla fiducia che anche noi cattolici abbiamo nel risorgimento della grandezza del nostro Paese e sulla persuasione che da decenni ci anima, e cioè che la scuola potrà contribuire più di ogni altro istituto, a questo risorgimento nazionale, solo se essa sarà libera e se potranno, nel promuoverne l'incremento, cimentarsi in nobile gara, mirando solo all'educazione e alla formazione delle nuove generazioni, tutte le energie sane e fattive del Paese»[36].

La battaglia per la libertà di insegnamento nel progetto culturale di Gemelli non mira solo a proteggere la gioventù cattolica dagli influssi della cultura laica, ma intende fare dell'ateneo del Sacro Cuore il luogo di formazione di intellettuali cattolici pronti a spendersi nei luoghi della progettazione del tessuto civile nazionale. Filippo Meda, che è sta-

[35] *Relazione del Rettore Magnifico P. Agostino Gemelli, O.F.M. (11 novembre 1923)*, in A. Cova (a cura di), *I discorsi di inizio anno*, cit., pp. 38-39.
[36] *Ibid.*

to uno dei leader del movimento cattolico e il primo cattolico proveniente dall'associazionismo a divenire ministro durante la Prima guerra mondiale, ritiene che il clima in cui nasce l'ateneo sia adatto a cogliere questa «occasione di libertà e di concordia». Si tratta, per Meda, di un contributo di «uomini liberi alla elaborazione scientifica ed al progresso del Paese». Meda fa parte dell'Istituto Giuseppe Toniolo di studi superiore, l'ente fondatore e finanziatore dell'Università Cattolica.

La battaglia a favore della scuola libera e per il riconoscimento dell'Università Cattolica è «lotta strenua per la 'libertà delle coscienze', della quale la famiglia [è] l'irrinunciabile baluardo, in una concezione del vivere sociale alternativa a quella del fascismo»[37].

«Libertà per tutti, anche per i nostri avversarî – scrive Gemelli –; libertà per socialisti, ebrei, massoni, di educare la gioventù d'Italia, per aver ancor noi il diritto di educare quella gioventù che viene a noi, attratta dalla bellezza del cristianesimo. Chiediamo libertà per tutti, in linea di fatto, per poter mostrare anche per questa via la vitalità feconda ed eterna della fede nostra»[38].

Il progetto culturale di Gemelli dovrà presto confrontarsi con ben altro monopolio educativo, quello dello Stato sempre più fascistizzato. La stessa esistenza di una università libera contesta, nei fatti, le pretese totalitarie del fascismo. Lo capiscono le spie del regime, che il duce mette alle costole di padre Gemelli per controllare ogni mossa del rettore dell'ateneo dei cattolici italiani, nel timore, che si dimostrerà fondato, che questa fucina ideologica forgi una nuova leva di politici, sindacalisti e amministratori, che raccoglieranno la successione al fascismo.

3. *Una università di popolo*

A connotare l'Università Cattolica è il suo radicamento popolare. Strumento di *élite*, come ogni ateneo italiano sino agli anni Sessanta, la Cattolica è in Italia l'unica università di popolo, vale a dire il solo ate-

---

[37] G. Romanato, *Gemelli e Pio XI. Due progetti coincidenti*, in M. Bocci (a cura di), *Agostino Gemelli e il suo tempo*, in *Storia dell'Università Cattolica del Sacro Cuore*, vol. VI, Vita e Pensiero, Milano 2009, pp. 117-118.

[38] A. Gemelli, «Nel giorno della vittoria. Lettera aperta agli amici», in *Vita e Pensiero*, 20 novembre 1918.

neo che può e deve contare esclusivamente sulle risorse economiche e morali che gli vengono dalla società italiana. L'Università di padre Gemelli nasce infatti come fenomeno popolare, non tanto per il bacino di utenza da cui provengono gli studenti, ma per il coinvolgimento della gente comune nella sua fondazione e nel suo sviluppo. Lo rileva il padre fondatore in uno dei celebri discorsi con cui, ogni 8 dicembre, inaugura l'anno accademico:

«L'esperimento fu seguito con entusiasmo dalla grande maggioranza dei cattolici; fu ammonitore per noi, e per noi segno della divina volontà, l'entusiasmo con il quale lo accolsero milioni di semplici, di umili, di poveri; fu per noi una rivelazione vedere nella folla di chi ci porgeva aiuto di denari, di preghiere, di consigli, persino dei montanari, dei contadini, dei caprari delle regioni d'Italia che sono ritenute tra le più retrive e le più chiuse a ogni speranza di rinnovamento e vederli venire a noi recando sulle braccia i doni dell'agricoltura e della pastorizia per fornire alimento alla vita della nostra Università. Essi avevano compreso o forse semplicemente intuito, ma ciò bastava ad alimentare il loro sacrificio, la missione che la nostra Università si riserva: ricondurre cioè la vita nazionale a quella fonte di grandezza e di benessere che è la religione; restaurare la grandezza d'Italia nella restaurazione della vita cristiana per guarire le intelligenze, per purificare i cuori»[39].

Questa solida base popolare è tra le ragioni dell'apprezzamento che l'ateneo raccoglie anche in sede governativa. Se ne sente l'eco nelle parole del ministro Alessandro Casati che, approvando lo statuto dell'Università con il parere favorevole del Consiglio Superiore della Pubblica Istruzione, commenta in questi termini la nascita della Cattolica:

«Questo caso tanto raro di cospicua iniziativa interamente privata nel campo dell'istruzione superiore, il fervore nobilissimo da cui i suoi propugnatori sono animati, l'entusiasmo che, in molte regioni d'Italia, muove numerosissime persone della piccola borghesia e delle classi operaie e campagnole a dare il loro obolo al nuovo istituto, sono parsi al Con-

---

[39] *Relazione del Rettore Magnifico P. Agostino Gemelli, O.F.M. (11 novembre 1923)*, cit., pp. 39-40.

siglio indizi di un movimento disinteressato e ideale, la cui esistenza tra gli umili torna ad onore del nostro Paese»[40].

L'ateneo dei cattolici italiani si guadagna dunque la stima e l'appoggio di uomini di diversa estrazione grazie al profilo peculiare che lo caratterizza, come istituto di alta cultura che si fonda non sulla volontà elitaria di qualche intellettuale, racchiuso nell'orizzonte erudito delle proprie competenze, ma sui sacrifici concreti di tanta Italia di popolo, che si è mobilitata per sostenere dal basso l'ateneo cattolico, privo com'è della possibilità di usufruire di sovvenzioni statali.

È un vero e proprio «miracolo di popolo cristiano», come sostiene Gemelli. L'appello che, al momento della nascita dell'ateneo, i promotori hanno rivolto a ricchi industriali, per raccogliere il capitale necessario alla creazione della Cattolica, ha ottenuto scarsi risultati. La Barelli, «cassiera» dell'Università, racconta che allora si decide di bussare «al cuore degli umili». Inizia così «quel prodigio che non ebbe più sosta»[41]. Addirittura le prime offerte provengono dal sanatorio di Osnago, dove sei giovani tubercolotici raccolgono soldi da inviare all'Università[42]. Le prime cifre raccolte, già nel 1920, raggiungono la somma di 20.926,70 lire, per crescere poi progressivamente.

La creazione di una annuale giornata universitaria, approvata da Pio XI nel 1922 e affidata alla Gioventù femminile, continua a sostenere dal basso, in tutta Italia, l'ateneo del Sacro Cuore. Dal 1924 la giornata è istituita in tutte le diocesi italiane.

Anche l'Associazione degli amici dell'Università, nata nel 1921 con il sostegno del Papa, contribuisce a radicare la Cattolica nelle diverse zone del Paese. Il suo obiettivo è quello di far conoscere l'ateneo e di raccogliere offerte per il suo sviluppo. Benedetto XV afferma che, sebbene l'Università «sia stata fondata per l'opera e il mirabile impulso di pochi, tuttavia per vivere e fiorire, ha bisogno dell'aiuto di tutti, essendo sorta a giovamento di tutti».

La raccolta del 1928 ammonta a quattro milioni di lire, cifra che è destinata a un leggero ma costante incremento annuale. La Barelli, vera anima dell'intera operazione, afferma: «Mai abbiamo avuto più

---

[40] *Il discorso del Magnifico Rettore S. Ecc. Fr. Agostino Gemelli, O.F.M. (7 dicembre 1946)*, in A. Cova (a cura di), *I discorsi di inizio anno*, cit., p. 315.
[41] E. Preziosi, *La Giornata Universitaria e l'Associazione Amici: due strumenti per un'Università radicata tra la gente*, Tipografica sociale, Monza 1995, p. 9.
[42] *Ibid.*

del necessario, mai di meno, anche quando, dopo il bombardamento del 1943, sono occorsi sei milioni per la ricostruzione; mai di meno sino al 1946 compreso». La Cattolica può dunque affrontare la ricostruzione, dopo i terribili bombardamenti dell'agosto 1943, grazie agli aiuti che continuano ad arrivare da tutta Italia, nonostante le ristrettezze della guerra.

4. *Diritto allo studio*

Le risorse erogate dall'ateneo a favore del diritto allo studio, sotto forma di borse e di aiuti per gli studenti poveri ma meritevoli, sono sintomatiche di un'apertura sociale non scontata. Si può anzi parlare della nascita dell'idea di diritto allo studio, che si collega alle attività organizzate per ottenere (ad esempio dalle banche) i fondi che sono indispensabili per permettere a studenti meritevoli di frequentare l'Università Cattolica.

«Noi sappiamo di giovani che per frequentare i corsi universitari si adattano a ogni sorta di privazioni. E oggi che il lavoro manuale è così sopravalutato in confronto di quello intellettuale, vi sono giovani ridotti a far da camerieri, da domestici pur di continuare gli studi. Ma evidentemente gli studi stessi ne soffrono»[43].

Il padre fondatore dell'ateneo segue di persona i giovani affidati alla sua Università:

«I poveri, i veri poveri, gli studenti poveri che vogliono realmente studiare, e che si danno da fare per soddisfare la passione di seguire quegli studi universitari che non sarebbero loro permessi dalle condizioni famigliari, sono ben conosciuti da me. Costoro la nostra università li deve (insisto e ripeto dicendo: 'li deve') aiutare in tutti i modi. Naturalmente chi deve essere aiutato deve avere vigore di ingegno, amore agli studi, deve vivere una vita esemplarmente cristiana»[44].

---

43 *Le borse di studio*, «Vita e Pensiero», dicembre 1921, p. 733.
44 *Relazione del Magnifico Rettore per l'anno accademico 1940/1941-XIX (8 dicembre 1941)*, in A. Cova (a cura di), *I discorsi di inizio anno*, cit., pp. 265-266.

La Cattolica, dunque, si preoccupa che l'investimento di risorse destinato agli studenti contribuisca all'effettiva formazione della classe dirigente che ha in mente il rettore.

«Con le [...] Banche le quali hanno istituito borse di studio presso di noi – racconta Gemelli –, abbiamo convenuto che l'assegnazione delle borse si fa dal Magnifico Rettore della Università insieme con il Direttore della Banca [...]. E questo è noto agli studenti e serve precisamente per il loro controllo. Inoltre la Banca versa a noi l'importo e noi lo versiamo mensilmente al giovane salvo sospendere il pagamento se il giovane si mostra immeritevole. Queste norme hanno il vantaggio di ricordare al giovane che non si tratta di favore personale ma di una borsa che egli deve (conquistarsi e) mantenersi non solo con lo studio ma con una condotta che dia garanzia che un giorno egli saprà come cattolico essere grato del beneficio ricevuto»[45].

Gemelli definisce il sostegno allo studio la «chiave di volta nell'intero sistema scolastico italiano». Il suo intento è quello di attribuire un effettivo riconoscimento giuridico al diritto allo studio. In Cattolica istituisce un ente preposto all'erogazione delle borse, la Cassa scolastica[46]. Padre Gemelli intende garantire agli studenti meritevoli e realmente bisognosi la possibilità di frequentare l'Università senza gravi impedimenti economici. Per questo motivo preferisce erogare un numero ridotto di borse, che permettano ai beneficiari di frequentare l'intero percorso di studi. Per il primo anno accademico, il 1921/1922, sono erogate borse per sei studenti: due sono finanziate da Benedetto XV, una dal cardinale Ferrari, due dall'Università Cattolica e dalla Banca del Piccolo Credito di Lodi, per un totale di 7.000 lire (pari a 5.801,47 euro con la valuta del 2006). Il numero di borse andrà progressivamente aumentando fino al 1945, con un totale di 88 erogate da diversi donatori.

Nel 1933 nasce l'Opera Universitaria, che eroga subito 9.000 lire in assegni. Nel 1947 l'Opera e l'amministrazione dell'Ateneo erogarono, tra le altre voci del bilancio, più di tre milioni di lire per borse e assegni speciali[47].

---

[45] Lettera di Gemelli datata 8 settembre 1929, cit. in F. Tanzilli, *La funzione sociale dello studio. Padre Gemelli e il sostegno agli studenti dell'Università Cattolica*, in A. Carera (a cura di), *Per una comunità educante. La formazione e la didattica*, in *Storia dell'Università Cattolica, Le Istituzioni*, vol. IV, Vita e Pensiero, Milano 2010, p. 439.
[46] F. Tanzilli, *La funzione sociale dello studio*, cit., p. 442.
[47] *Ibid.*, p. 479.

La dittatura

L'uccisione del deputato socialista Giacomo Matteotti, che alla Camera ha denunciato le violenze del fascismo nella campagna elettorale del 1924, apre una delle fasi più buie della storia italiana. Matteotti è prelevato da un gruppo di squadristi, caricato a forza su un'auto e ucciso a pugnalate. Non è il primo assassinio politico firmato dal fascismo; ma questa volta un'ondata di indignazione investe i fascisti e le stesse sfere governative, perché è stato ucciso un rappresentante del popolo, appena eletto. La crisi scoppia nel Paese, dove per protesta sono fatti sparire divise e distintivi del fascio; ma è crisi anche in Parlamento, con la secessione di un centinaio di deputati che si riuniscono separatamente per isolare il governo Mussolini; ed è crisi nel Partito Nazionale Fascista, dove c'è chi vorrebbe l'eliminazione fisica di tutti gli avversari politici e chi, invece, propende per una via più legalitaria.

Ad avvantaggiarsi della situazione, è proprio Mussolini. La debolezza degli avversari, ormai decimati dalla strategia fascista, e l'isolamento in cui il fascismo è confinato si trasformano in un elemento di forza, che prelude allo scardinamento dello Stato liberale e delle istituzioni democratiche. Nel giro di pochi mesi l'ondata antifascista si placa e il duce, premuto dall'ala intransigente del partito, passa al contrattacco. Il 3 gennaio 1925 pronuncia alla Camera le famose parole: «Dichiaro qui, al cospetto di questa assemblea e al cospetto di tutto il popolo italiano, che io assumo, io solo, la responsabilità politica, morale, storica di tutto quanto è avvenuto [...]. Se il fascismo è stato una associazione a delinquere, io sono il capo di questa associazione a delinquere! [...] Il governo è abbastanza forte per stroncare definitivamente la secessione dell'Aventino».

È l'inizio della dittatura. Le «leggi fascistissime», emanate tra il 1925 e il 1926, costruiscono il regime a partito unico: abolita la libertà di stampa e di associazione; sciolti i partiti, tranne quello fascista; il Parlamento è esautorato a vantaggio del capo del governo; sono abolite le autonomie locali e dichiarati decaduti i deputati delle opposizioni; una Magistratura di regime, il Tribunale speciale per la difesa dello Stato, reprime i reati contro il fascismo. La polizia politica, nota con il nome tenebroso di OVRA, ha il compito di perseguire tutti i potenziali oppositori. La *Carta del lavoro* penserà a colpire definitivamente la libertà sindacale e a indirizzare l'economica italiana verso il corporativismo, al servizio della potenza nazionale. La propaganda del regime passa attraverso la stampa, la radio, il cinema: occorre provocare una mobilitazione emotiva permanente degli italiani, che devono essere inglobati nell'esperimento totalitario.

Ben poco resta della vitalità sociale che ha segnato la storia dell'Italia unita. Rimane nel ricordo di chi ha vissuto intensamente gli anni del dopoguerra; rimane in certe zone franche della cultura, che però sono sottoposte a una progressiva compressione. Certo è una sussidiarietà negata, che comporta lo smantellamento delle reti associative estranee all'apparato del regime. Tutto – i corpi sociali e le organizzazioni di partito, i sindacati e le corporazioni, gli enti economici e i luoghi dove si fa cultura – tutto deve diventare un ingranaggio funzionale alla prosperità dello Stato fascista.

Il consolidamento del regime, basato su un consenso che si rafforza con i Patti Lateranensi e con la fondazione dell'Impero, permette poi, a metà degli anni Trenta, un nuovo giro di vite in senso totalitario, che coinvolge sia la politica interna – le leggi antisemite del 1938 ne sono il risvolto più contestabile e clamoroso –, sia la politica estera, con l'avvicinamento alla Germania nazista e la deriva dell'Italia verso la Seconda guerra mondiale.

Ma se il fascismo ha voluto creare un deserto davanti a sé, ciò non ha prodotto lo svuotamento totale del tessuto sociale. In alcuni ambiti della vita collettiva e dell'educazione non solo religiosa sono rimasti margini di vitalità, importanti per la ricostruzione del Paese dopo l'avventura totalitaria. La stessa reazione di auto-difesa, riscontrabile a diversi livelli della società italiana man mano che il fascismo invade la vita dei cittadini, è sintomo di una certa «resistenza morale» al progetto totalitario, implicita e non ancora affiorata alla coscienza di molti italiani, che però ha creato le premesse per la svolta degli anni successivi. Il fascismo non è mai riuscito a creare l'«italiano nuovo»: altro è monopolizzare le leve del potere e cancellare ogni residuo di opposizione politica, altro impadronirsi delle coscienze dei cittadini.

Ciò non significa che sia stato facile annullare le conseguenze di vent'anni di dittatura; e tanto meno si possono dimenticare le enormi sofferenze della guerra, o gli influssi della mentalità totalitaria che ha contagiato i modi di essere e di pensare di molti italiani. Nel secondo dopoguerra la società italiana sarà sconvolta da rese di conti di cui solo oggi si percepisce la gravità e che, paragonate al colpo di spugna che ha salvato dall'epurazione i vertici del sistema politico-partitico del ventennio, risultano ancor più impressionanti. Molte sono le eredità con cui si dovrebbe fare i conti. Vi è, in primo luogo, la tentazione statalista che negli anni Trenta ha contagiato gli italiani, non esclusi alcuni esponenti di primo piano del pensiero cattolico, i quali hanno sviluppato un confronto non sempre chiaro con il concetto di sussidiarietà, proprio allora avanzato dal magistero pontificio ma non abbastanza metabolizzato né da una parte consistente del mondo più vicino alla Chiesa né, tanto meno, dall'agenda del dibattito politico.

Rimane però un dato: se il crollo delle istituzioni ha portato alla «morte della patria», dopo l'armistizio dell'8 settembre, non tutto è stato distrutto. Ci sono ancora risorse vive nel corpo sociale, risorse che, spesso, hanno trovato riparo nelle braccia della Chiesa cattolica. Nel crollo delle istituzioni cui il Paese ha assistito, la Chiesa è rimasta un punto di riferimento credibile per la popolazione e ha alimentato le riserve etiche che ispirano la ripresa postbellica. A contare sono soprattutto la capacità di vicinanza alla gente, la difesa di ambiti di vita comune sottratti al fascismo e la salvaguardia, al di sopra di tutto, delle ragioni della pietà e della moderazione. Specialmente durante la guerra, prima ancora che i gruppi politici antifascisti possano tornare ad agire e si organizzi la resistenza armata, si crea una rete estesa di aiuti a favore di perseguitati e oppressi, cui contribuiscono laici e cattolici. Dal magistero della Chiesa e dall'intensa attività di sostegno alle popolazioni si attinge un patrimonio vitale di significati e valori, quanto mai prezioso dopo vent'anni di dittatura e dopo le sofferenze della guerra.

I. L'EDUCAZIONE DEGLI ITALIANI

1. *Chi deve educare gli italiani?*

L'evoluzione dei rapporti fra Chiesa e regime è complessa a causa della presenza di diversi soggetti che, da parte ecclesiale e da parte fascista, entrano in gioco. Un conto infatti è la gerarchia, un conto il laicato; un conto sono le questioni dottrinali, un conto è la necessità della Chiesa di poter continuare a funzionare, anche in un regime dittatoriale. Il movimento delle camicie nere è poi assai variegato, mentre il regime adotta atteggiamenti discontinui in materia di politica ecclesiastica. La necessità di controllare ampi settori della società italiana suggerisce a Mussolini di liberarsi dell'anticlericalismo del primo fascismo, per adottare un atteggiamento più accomodante, sfociato nelle trattative che hanno portato alla firma dei Patti Lateranensi (1929).

Non per questo i fascisti evitano di perpetuare intimidazioni e violenze a danno dei cattolici, laici e sacerdoti, specie se impegnati nel sindacalismo e nel Partito Popolare, come arma di ricatto nei confronti della gerarchia ecclesiastica. Uno dei casi più noti è quello di don Giovanni Minzoni, arciprete di Argenta, cappellano militare e medaglia al valore, punto di riferimento assai seguito dai giovani della sua città, che nel 1923 ha pagato con la vita il suo antifascismo. Minzoni ha creato diverse iniziative per arginare le pretese del fascismo sul terreno educativo, istituendo una sezione di esploratori cattolici per impedire che i giovani si iscrivessero ai Balilla. Il suo assassinio dimostra, già dal 1923, che il punto di frizione più notevole nei rapporti fra Chiesa e fascismo è costituito dal problema dell'educazione dei giovani italiani. A chi spetta il compito di formare l'«italiano nuovo» voluto da fascismo? La risposta, scontata per il regime, non lo è affatto per la Chiesa, convinta che in materia educativa ampio spazio deve essere riservato alla famiglia, al clero, agli oratori e alle associazioni di Azione Cattolica.

In effetti le frizioni in questo campo proseguono lungo tutto il ventennio fascista. Così da Puegnago, nei pressi di Brescia, un sacerdote, don Francesco Leardini, descrive una processione disturbata dai fascisti, in una lettera indirizzata al vescovo di Verona:

«Terminata la processione, dopo circa una mezz'ora, si fece sentire la presenza di fascisti e fui pregato di ritirarmi in casa [...]. Dopo aver ottenuto, con lo spavento incusso nella popolazione, che la piazza venisse disertata, fecero irruzione nella canonica in cerca di me. La canonica era chiusa, ma essi la forzarono e poterono entrare egualmente, io allora fuggii in una soffitta del mio colono, ma a forza di cercare riuscirono a trovarmi. Mi puntarono allora la rivoltella per spararmi contro, ma non spararono. Mi presero nel braccio e scuotendomi mi intimarono di non curarmi di esploratori. [...] In paese ebbero ad insultare ogni sorta di persone, uomini, donne, ragazze, ragazzi, fanciulli e persino anche il sindaco. Era invitata in questa occasione una banda ed essi vollero che sonasse l'inno fascista ed io ho lasciato che sonassero pure un tal inno nella piazza»[48].

Certo il fascismo, premuto dall'esigenza di guadagnarsi l'appoggio dei cattolici e alla ricerca di elementi da utilizzare per dare contenuti alla propria «religione politica», non ostacola l'inserimento dell'insegnamento della religione nelle scuole elementari, ottenuto con la riforma Gentile. Il Concordato, poi, pensa a introdurla nelle scuole medie, stabilendo, nell'articolo 36, che «l'Italia considera fondamento e coronamento dell'istruzione pubblica l'insegnamento della dottrina cristiana secondo la forma ricevuta dalla tradizione cattolica».

Ciò non significa, tuttavia, che il regime sia disposto ad affidare la formazione dei giovani ad agenzie educative non fascistizzate. Nel momento in cui pubblica il decreto legge che sancisce la nascita dell'Opera Nazionale Balilla (1926), il regime dichiara illegali tutte le associazioni che svolgono attività educativa, cominciando a colpire gli scout. In Italia essi fanno riferimento a diverse associazioni: l'ASCI (Associazione Scoutistica Cattolica Italiana), che riunisce gli esploratori cattolici e che nel 1928 conta 600 reparti e quasi 17.000 iscritti, e due associazioni laiche, la CNGEI (Corpo Nazionale Giovani Esploratori ed Esploratrici Italiani), con 5.000 iscritti, e l'ARPI (Associazione dei Ragazzi Pionieri), con 2500 iscritti. Sia laici, sia cattolici subiscono violenze da parte del fascismo. Lo scoutismo è una forma di aggregazione incentrata sulla vita comunitaria, per certi versi paragonabile a quella militare. È proprio questo aspetto a renderlo inviso al regime, che intende riservarsi l'educazione dei giovani italiani per trasformarli in una stirpe di dominatori e di conquistatori.

[48] G. Sale, *Popolari, chierici e camerati*, Jaca Book, Milano 2007, vol. II, pp. 444-445. La lettera è datata 17 agosto 1925.

Dopo le prime pressioni della polizia, la CNGEI accetta le disposizioni del governo e nel 1927 sopprime la sua organizzazione. L'ARPI lascia invece liberi i suoi giovani di entrare nei gruppi dei Balilla, dove spera di poter conservare il metodo educativo tipico dello scoutismo. Nel 1928 si arriva tuttavia allo scioglimento. L'ASCI cerca di trovare una via di accordo. Il punto di scambio è la richiesta fascista di avere cappellani che seguano i Balilla. La Chiesa, attraverso padre Tacchi Venturi, il gesuita che fa da tramite con il governo fascista, si mostra disponibile a questa richiesta, in cambio del riconoscimento della libertà degli esploratori cattolici. Le trattative tuttavia non portano all'esito sperato. Dopo il vano tentativo di inserire alcuni esploratori cattolici tra le file dei Balilla, Pio XI preferisce scioglierli. «Se dobbiamo morire – afferma riecheggiando il re Davide , sia per mano vostra, o Signore, piuttosto che per mano degli uomini».

2. *Le tensioni continuano*

Subito dopo la firma dei Patti Lateranensi le tensioni sul terreno educativo si riacutizzano. Constatata la floridezza delle organizzazioni cattoliche, il regime torna sui suoi passi rispetto alle concessioni del Concordato. Al cuore dello scontro vi è un modo molto diverso di pensare al ruolo dello Stato nell'educazione dei cittadini. In una udienza del maggio 1929 Pio XI lo chiarisce:

«La missione dell'educazione spetta innanzitutto, soprattutto, in primo luogo, alla Chiesa e alla famiglia, alla Chiesa e ai padri e alle madri; spetta a loro per diritto naturale e divino, e perciò in modo inderogabile, ineluttabile, insurrogabile. Lo Stato certamente non può, non deve disinteressarsi dell'educazione dei cittadini, ma soltanto per porgere aiuto in tutto quello che l'individuo e la famiglia non potrebbero dare da sé. Lo Stato non è fatto per assorbire, per inghiottire, per annichilire l'individuo e la famiglia; sarebbe un assurdo, sarebbe contro natura, giacché la famiglia è prima della società e dello Stato»[49].

La prospettiva del duce è antitetica. Rispondendo al Papa, Mussolini afferma:

[49] Pio XI, *Allocuzione ai professori e agli alunni del collegio di Mondragone*, 14 maggio 1929.

«Dire che l'istruzione spetta alla famiglia, è dire cosa al di fuori della realtà contemporanea. La famiglia moderna, assillata dalle necessità di ordine economico, vessata quotidianamente dalla lotta per la vita, non può istruire nessuno. Solo lo Stato, con i suoi mezzi di ogni specie, può assolvere questo compito. Aggiungo che solo lo Stato può anche impartire la necessaria istruzione religiosa, integrandola con il complesso delle altre discipline. Qual è allora l'educazione che noi rivendichiamo in maniera totalitaria? L'educazione del cittadino»[50].

L'intransigenza in materia educativa si riversa ora contro i circoli giovanili di Azione Cattolica, la cui libertà di manovra sembra una minaccia all'integrità dello Stato fascista. Il sottosegretario agli Interni Michele Bianchi chiede al presidente della Gioventù cattolica italiana, Angelo Raffaele Jervolino: «Perché i giovani non vanno volentieri ai Balilla e agli avanguardisti, ma vengono volentieri e numerosi alle vostre associazioni giovanili?»[51]. Nel 1931 si arriva allo scontro aperto. In aprile il presidente della Camera Giovanni Giurati sferra un duro attacco all'AC. La risposta di Pio XI è ferma: in una lettera inviata al cardinale Alfredo Ildefonso Schuster, arcivescovo di Milano, il Papa ribadisce la «competenza ed autorità propria e speciale» della Chiesa «nel campo dell'educazione della gioventù». Nei mesi successivi il governo sequestra diversi giornali legati all'AC, accusandoli di voler «sminuire il prestigio delle organizzazioni giovanili dello Stato italiano». Jervolino commenta con ironia:

«I giovani cattolici dell'epoca erano 'molto temibili', se avevano la forza di sottrarre la gioventù d'Italia all'autorità dello Stato e costituivano addirittura una organizzazione quanto mai pericolosa. [...] La Chiesa rivendicava giustamente il diritto della educazione dei giovani, e il rispetto del diritto naturale della famiglia. Mussolini, invece, affermava che questo è un diritto assolutamente dello Stato: 'Niente al di fuori dello Stato, niente al di sopra dello Stato, niente contro lo Stato'»[52].

La situazione degenera: il 29 maggio il regime dispone, tramite provvedimenti di polizia, la chiusura dei circoli cattolici. La risposta del Papa è l'en-

[50] Benito Mussolini, discorso al Senato in occasione del voto sulla ratifica del Concordato, 29 maggio 1929.
[51] A.R. Jervolino, *Un protagonista nella storia dei cattolici*, in *Archivio di carte scomparse e dimenticate*, n. 32, Ebe, Roma 1992, p. 5.
[52] *Ibid.*, pp. 2-3.

ciclica *Non abbiamo bisogno*, redatta in italiano per far percepire più chiaramente all'opinione pubblica la denuncia del tentativo fascista di «strappare all'Azione Cattolica e per essa alla Chiesa la gioventù, tutta la gioventù». Il Papa condanna esplicitamente lo Stato totalitario:

«Una concezione dello Stato che gli fa appartenere le giovani generazioni interamente e senza eccezione, dalla prima età fino all'età adulta, non è conciliabile per un cattolico con la dottrina cattolica, e neanche conciliabile con il diritto naturale della famiglia. Non è per un cattolico conciliabile con la cattolica dottrina pretendere che la Chiesa, il Papa, devono limitarsi alle pratiche esterne di religione (Messe e Sacramenti) e che il resto della educazione appartiene totalmente allo Stato»[53].

3. *Gli accordi del 1931*

Mussolini ha però tutto l'interesse a non perdere i consensi cattolici. Al Papa, d'altra parte, preme la riapertura delle associazioni giovanili. Nel settembre del 1931 si arriva a un compromesso, che riconduce l'Azione Cattolica alle dipendenze dei vescovi. Gli accordi sanciscono la scomparsa dell'AC come associazione nazionale, stabilendone la sopravvivenza solo a livello locale. I suoi dirigenti non possono aver militato nel Partito Popolare. L'AC deve dare garanzia di non occuparsi di politica, né può allargare la propria sfera d'attività nel campo sindacale, professionale o sportivo, limitandosi a perseguire fini religiosi.

Questi accordi sembrano un vero e proprio successo del duce, che non nasconde la sua soddisfazione. «Così l'Enciclica *Non abbiamo bisogno*, canonicamente è passata sui fianchi della nostra barca senza lasciare tracce, come corrente di un fiume», dice all'ambasciatore presso la Santa Sede De Vecchi di Valcismon[54]. In realtà il regime ha dato prova di debolezza. L'Azione Cattolica, pur ridimensionata, ne è uscita rafforzata. All'inizio degli anni Quaranta il progetto fascista di costruzione dell'«uomo nuovo» fallisce anche perché vie-

[53] *Enchiridion delle encicliche*, V, Pio XI 1922-1993, Dehoniane, Bologna 1995, p. 819.
[54] C.M. De Vecchi di Valcismon, *Il quadrumviro scomodo. Il vero Mussolini nelle memorie del più monarchico dei fascisti*, Mursia, Milano 1983, p. 213

ne sistematicamente smontato dall'associazionismo cattolico, parallelo e antitetico alle organizzazioni di regime. «Se, nel corso del sabato fascista i bambini marciavano in fila imbracciando il fucile e imparando a usarlo, la domenica successiva quegli stessi bambini acquisivano in parrocchia i valori della pace e della persona umana. Una simile azione di controinformazione era destinata a pesare, rivelando al regime che gli italiani non erano esattamente come il fascismo si aspettava che fossero»[55].

[55] C. Dau Novelli, *Azione Cattolica*, in *Dizionario del fascismo*, a cura di V. De Grazia e S. Luzzatto, vol. I, Einaudi, Torino 2002, p. 128.

II. LO STATO, «CHIAVE DI VOLTA» DEL VIVERE SOCIALE?

La crisi economica che segue la caduta della borsa di Wall Street (1929) mette in discussione la validità del modello di sviluppo capitalistico. In Europa la crisi arriva all'inizio degli anni Trenta e colpisce anche l'economia italiana. Per evitare il fallimento di una quota significativa delle imprese e delle banche italiane, tra il 1931 e il 1933 lo Stato assume responsabilità sempre più ampie nella gestione di larga parte dell'apparato produttivo e finanziario della Nazione. La grande depressione, con i suoi tragici effetti sul piano sociale, pare confermare il fallimento del sistema liberale sia in campo politico, sia in campo economico-sociale. Di contro, il modello sovietico è oggetto di rinnovata attenzione, visti i successi che sembra raggiungere sul piano della crescita delle attività produttive.

1. *Un'economia mista di salvataggio*

La crisi evidenzia il problema del rapporto tra banca e impresa: le grandi imprese ricevono quote di finanziamento dalle banche le quali, a causa del collasso economico, sono prive di liquidità. I primi soccorsi vengono dalla Banca d'Italia. Lo Stato interviene per evitare il tracollo del sistema economico. Una caduta del settore bancario provocherebbe il crollo sia dell'agricoltura, sia dell'industria. Per rispondere alla crisi lo Stato fascista di fatto percorre una nuova strada, quella dell'«economia mista di salvataggio». Ciò si concretizza nella creazione dell'IMI, Istituto di credito mobiliare (1931), e, soprattutto, dell'IRI, Istituto per la ricostruzione industriale (1933). L'IMI ha per scopo di concedere prestiti. Partecipano al capitale la Cassa Depositi e Prestiti, INA, INPS e altri istituti di credito e di diritto pubblico. Tuttavia l'IMI si rivela inadeguato a supplire alle esigenze dell'economia italiana, ha pochi fondi ed è assai prudente nei finanziamenti. L'IRI si occupa di porre su basi più solide i rapporti tra banche e industrie, per permettere la sopravvivenza dell'assetto industriale del Paese. Lo Stato finanzia l'IRI, che concede prestiti alle imprese industriali e rileva i pacchetti azionari posseduti dalle banche miste. Le banche sono smobilizzate e riescono a recuperare liquidità.

Con la nascita dell'IRI un parte consistente delle società italiane, pur restando imprese private, si trovano a essere partecipate dallo Stato.

2. *Il corporativismo fascista*

In tale contesto si riaccende il dibattito sul corporativismo e sulla realizzazione di istituti che mostrino la capacità del fascismo di presentarsi come un regime alternativo a quelli posti in essere dalle democrazie liberali e dalla Russia sovietica, proponendosi come forma storicamente inedita di organizzazione della convivenza sociale. Il fascismo intende affrettare la realizzazione del sistema corporativo, pensandolo come la possibile «terza via» tra il modello capitalista e quello collettivista. Già al momento della fondazione, con il programma di piazza San Sepolcro (1919), il fascismo ha sottolineato l'«esigenza di dare al Paese nuove istituzioni e nuove regole al fine di riconciliare le masse con lo Stato e di stabilire rapporti non conflittuali tra capitale e lavoro»[56]. La *Carta del lavoro*, introdotta nel 1927, definisce così il corporativismo:

«Le associazioni professionali legalmente riconosciute assicurano l'uguaglianza giuridica tra i datori di lavoro e i lavoratori, mantengono la disciplina della produzione e del lavoro e ne promuovono il perfezionamento. Le corporazioni costituiscono l'organizzazione unitaria delle forze della produzione e ne rappresentano integralmente gli interessi. In virtù di questa integrale rappresentanza, essendo gli interessi della produzione interessi nazionali, le corporazioni sono dalla legge riconosciute come organi di Stato. Quali rappresentanti degli interessi unitari della produzione, le corporazioni possono dettare norme obbligatorie sulla disciplina dei rapporti di lavoro e anche sul coordinamento della produzione tutte le volte che ne abbiano avuto i necessari poteri dalle associazioni collegate»[57].

Con la svolta autoritaria, alla metà degli anni Venti, il fascismo attribuisce alle corporazioni una valenza ideologica, che punta sulla cen-

[56] C. Besana, «Corporativismo fascista e corporativismo cattolico», in *Nuova secondaria*, 15 febbraio 2011, p. 39.
[57] *Carta del lavoro*, 21 aprile 1927, punto VI.

tralità dello Stato rispetto alla libera iniziativa. Nel 1934 passa alla pratica attuazione del corporativismo, con la creazione di 22 corporazioni, che raccolgono in un unico soggetto le associazioni dei lavoratori e dei datori di lavoro di altrettante attività produttive. Strettamente controllate dal potere politico, le corporazioni non riescono tuttavia a dare vera rappresentanza alle istanze del mondo del lavoro. Il corporativismo fascista non ha un ruolo di effettiva mediazione, ma diventa uno strumento di controllo del partito sulla società, al quale cercano di sottrarsi industriali e agrari. L'obiettivo dichiarato di perseguire l'interesse nazionale si traduce nell'eliminazione dei liberi sindacati, nella proibizione di sciopero e serrata, nell'istituzione di una sezione speciale della Corte di appello (la Magistratura del Lavoro) per risolvere le controversie fra imprenditori e operai e nella subordinazione delle corporazioni (guidate da uomini del PNF) allo Stato e quindi al regime. Controllate dalla politica, «le strutture corporative, nel loro concreto operare, non seppero esprimere una vera collaborazione tra capitale e lavoro, non realizzarono una 'terza via' tra capitalismo e socialismo»[58].

3. *Cattolici e corporativismo*

L'esperimento corporativo fascista è oggetto di grande attenzione da parte del mondo cattolico, che da tempo riflette sul modello corporativo. Critici del sistema capitalistico e delle proposte avanzate da socialisti e comunisti, i cattolici italiani sono interessati alla definizione di nuovi rapporti tra capitale e lavoro, all'individuazione di nuove forme di rappresentanza politica degli interessi sociali e a nuove relazioni tra politica ed economia. Desiderosi di contribuire a una ricostruzione organica della società e a una fattiva collaborazione tra le classi, gli intellettuali cattolici cercano di inserirsi nel dibattito sul corporativismo, credendo di poter influire sul tentativo fascista per orientarlo a obiettivi di giustizia sociale. Al tempo stesso manifestano dubbi sul corporativismo fascista, perché è fondato sul ruolo assolutamente preminente dello Stato.

Già nella pubblicistica cattolica dell'Ottocento, e in particolare nelle riflessioni di Giuseppe Toniolo, si notava un forte interesse per il

[58] C. Besana, *Corporativismo fascista e corporativismo cattolico*, p. 40.

corporativismo, specie per le sue origini medievali. Proprio per questo il fascismo si aspetta di trovare ampio consenso al corporativismo all'interno del mondo cattolico. Tuttavia, se è vero che molti esponenti del cattolicesimo sociale non hanno fiducia né nel modello capitalista né in quello collettivista, e quindi scorgono nel corporativismo l'auspicata «terza via», è anche vero che il corporativismo cattolico è diverso da quello fascista, quanto quest'ultimo è lontano dalle corporazioni medievali. Amintore Fanfani, docente di Storia economica all'Università Cattolica del Sacro Cuore, lo rileva: «Il sistema economico attuato dalla rivoluzione fascista in Italia assume un nome tradizionale, quello di corporativo, ma non ha di comune con l'ordinamento medievale e con i programmi dei riformatori cristiano-sociali dell'Ottocento molto più che il nome»[59].

Nell'ateneo cattolico si vuole «dare un'anima allo Stato corporativo, perfezionandolo tramite l'immissione dei principi cristiani» nella vita economica e sociale[60] e orientandolo per impedire che si trasformi in un sistema oppressivo. Il corporativismo dovrebbe servire a dirigere le dinamiche sociali e il sistema economico in base a criteri di giustizia. Gli intellettuali cresciuti in Università Cattolica auspicano un miglioramento dei rapporti di classe e credono che il rinnovamento della struttura economica del Paese possa contribuire alla salvezza sociale e individuale.

«Oggi che da ogni parte si reclama la corporazione è il tempo di comprendere che essa non è solamente necessaria per la disciplina dei rapporti tra capitale e lavoro e per il controllo dell'economia. Il suo compito è anche – forse principalmente – di educare 'l'ambiente professionale' per mezzo di istituzioni che, da una parte, vengano a sostenere la posizione dei lavoratori, dall'altra a disciplinare lo sforzo dei produttori, vale a dire a normalizzare i due elementi della produzione. Essa sola può realizzare l'adeguamento delle istituzioni e dei costumi in vista della costituzione di un ordine sociale cristiano»[61].

[59]A. Fanfani, *Il problema corporativo nella sua evoluzione storica*, in *Problemi storici e orientamenti storiografici*, a cura di E. Rota, Cavalleri, Como 1942, p. 1188.
[60]M. Bocci, *Oltre lo Stato liberale. Ipotesi su politica e società nel dibattito cattolico tra fascismo e democrazia*, Bulzoni, Roma 1999, p. 229.
[61]F. Vito, «L'ordine sociale e l'educazione alla XXIV settimana sociale di Francia», in *Vita e Pensiero*, settembre 1934, p. 580.

Probabilmente le utopie degli anni Trenta influiscono anche sul mondo cattolico, dove c'è chi punta su uno Stato che sappia pianificare l'economia nazionale, con la speranza che questo Stato interventista possa non solo rendere più giusta la società, ma soprattutto strappare il singolo al suo «egoismo» individuale.

E tuttavia i cattolici evidenziano anche le differenze tra il modello medievale, fondato sull'articolazione della società che si struttura dal basso, e il corporativismo fascista, per il quale rimane aperto il problema del controllo dell'operato dello Stato, come pure quello della difesa del cittadino da un potere politico sempre più invadente. L'economista Francesco Vito, attingendo al pensiero di Toniolo, difende la libertà di adesione del lavoratore alla corporazione, che intende come forma associativa nata dalla società civile e dunque come rappresentanza dal basso delle forze produttive.

Tra la seconda metà degli anni Trenta e i primi anni Quaranta i cattolici italiani continuano a riflettere sul ruolo che lo Stato può e deve avere nella costruzione di un sistema economico non subordinato alla legge del tornaconto individuale. Vi è anche la preoccupazione di salvaguardare il naturale primato della società e la centralità delle aggregazioni spontanee e dei gruppi di interesse, visti come componenti ineliminabili della vita sociale. L'esperimento fascista era un progetto con il quale misurarsi, ma restava un modello di relazioni tra Stato e società che non poteva essere condiviso nei suoi fondamenti.

4. *La* Quadragesimo anno *e il principio di sussidiarietà*

Rilievi sul corporativismo fascista sono espressi da Pio XI nella *Quadragesimo anno*, l'enciclica sociale pubblicata nel 1931 in occasione del quarantesimo della *Rerum novarum*. Il Pontefice teme che lo Stato si sostituisca alle «libere attività invece di limitarsi alla necessaria e sufficiente assistenza ed aiuto, che il nuovo ordinamento sindacale e corporativo abbia carattere eccessivamente burocratico e politico, e che, nonostante gli accennati vantaggi generali, possa servire a particolari intenti politici piuttosto che all'avviamento ed inizio di un migliore assetto sociale»[62]. La *Quadragesimo anno* si richiama esplici-

[62] *Quadragesimo anno*, n. 96.

tamente all'enciclica di Leone XIII quando contesta le ingiustizie sociali, valorizza la legislazione sociale e auspica il superamento dei conflitti di classe. La *Rerum novarum*, tuttavia, era stata pensata in un contesto sociale libero e animato da diversi attori. In essa non si conferiva allo Stato un ruolo preminente:

«Non v'è ragione di ricorrere alla provvidenza dello Stato – aveva affermato Leone XIII – perché l'uomo è anteriore allo Stato: quindi prima che si formasse il civile consorzio egli dovette avere da natura il diritto di provvedere a se stesso»[63].

Lo Stato, «nel suo vero concetto, quale si desume dai principi della retta ragione, in perfetta armonia con le dottrine cattoliche», per Leone XIII doveva intervenire solo per tutelare il bene comune e per «prendersi la dovuta cura del benessere degli operai»[64].

La *Quadragesimo anno* è pensata in un periodo molto diverso, quello della crisi economica e del rafforzamento del ruolo degli Stati nella regolazione delle economie nazionali. «Mentre Leone XIII ha a che fare con le idee, con movimenti aurorali e con pubblici poteri detenuti, sostanzialmente, dalle vecchie classi dirigenti europee che avevano almeno senso del limite e rispetto per l'ordine naturale delle cose, Pio XI deve fronteggiare i nazionalismi esasperati, i capitalismi scatenati e il comunismo vittorioso». Papa Ratti insiste sullo Stato, che «può essere conquistato dai credenti ed essere utilizzato senza troppe mediazioni»[65]. Il punto da cui muove il richiamo del Pontefice è un «severo realismo», che registra i cambiamenti sopravvenuti:

«E quando parliamo di riforma delle istituzioni, pensiamo primieramente allo Stato, non perché dall'opera sua si debba aspettare tutta la salvezza, ma perché, per il vizio dell'individualismo [...], le cose si trovano ridotte a tal punto, che abbattuta e quasi estinta l'antica ricca forma di vita sociale, svoltasi un tempo mediante un complesso di associazioni diverse, restano di fronte quasi soli gli individui e lo Stato. E siffatta deformazione dell'ordine sociale reca non piccolo dan-

---

63 *Rerum novarum*, n. 6.
64 *Ibid.*, nn. 25-29.
65 G. Rumi, *Il magistero e il moderno. Tre encicliche sociali: 1891, 1931, 1987*, in *A cento anni dalla Rerum novarum*, NED, Milano 1991, pp. 20-24.

no allo Stato medesimo, sul quale vengono a ricadere tutti i pesi, che quelle distrutte corporazioni non possono più portare, onde si trova oppresso da una infinità di carichi e di affari»[66]. Per Giorgio Rumi nella *Quadragesimo anno*

«tutto [...] poggia sullo Stato, vera chiave di volta del vivere sociale, e non più cornice mondana ultima, coronamento di una forte, autonoma struttura di individui, famiglie, ceti, luoghi e corpi particolari. Da regolatore a protagonista, speranze e timori si caricano su di esso, 'autorità suprema' cui spetta il mantenimento dell''ordine gerarchico' complessivo»[67].

Tuttavia per Pio XI si tratta di un passaggio obbligato, causato dalla debolezza della società civile. L'obiettivo rimane quello di rivitalizzare la società. Non è casuale il fatto che, subito dopo aver valorizzato i compiti dello Stato, il Pontefice fornisca la prima teorizzazione del principio di sussidiarietà:

«È vero certamente e ben dimostrato dalla storia, che, per la mutazione delle circostanze, molte cose non si possono più compiere se non da grandi associazioni, laddove prima si eseguivano anche dalle piccole. Ma deve tuttavia restare saldo il principio importantissimo nella filosofia sociale: che siccome è illecito togliere agli individui ciò che essi possono compiere con le forze e l'industria propria per affidarlo alla comunità, così è ingiusto rimettere a una maggiore e più alta società quello che dalle minori e inferiori comunità si può fare. Ed è questo insieme un grave danno e uno sconvolgimento del retto ordine della società; perché l'oggetto naturale di qualsiasi intervento della società stessa è quello di aiutare in maniera supplettiva le membra del corpo sociale, non già distruggerle e assorbirle. Perciò è necessario che l'autorità suprema dello Stato, rimetta ad associazioni minori e inferiori il disbrigo degli affari e delle cure di minor momento, dalle quali essa del resto sarebbe più che mai distratta; e allora essa potrà eseguire con più libertà, con più forza ed efficacia le parti che solo a lei spettano, perché essa sola può compierle; di direzione cioè, di vigilanza, di incitamento, di repressione, a seconda dei casi e delle necessità»[68].

---

[66] *Quadragesimo anno*, n. 79.
[67] G. Rumi, *Il magistero e il moderno*, cit., pp. 21-22.
[68] *Quadragesimo anno*, nn. 80 e 81.

III. LA PATRIA NON È MORTA

1. *Reti antifasciste negli anni Trenta*

Dopo il 1926 l'antifascismo politico si riorganizza fuori dai confini nazionali. Molti antifascisti combattono il regime in esilio, con articoli sulla stampa estera, conferenze e libri che smentiscono l'immagine che il fascismo cerca di dare di sé in Europa e ne denunciano la vera natura. Insieme a chi ha aderito ai partiti di sinistra, vi sono liberali e cattolici come Sturzo, Ferrari, Nitti, Salvemini e Sforza. Il Partito Comunista, il Partito Socialista e «Giustizia e Libertà» si ricostituiscono all'estero, per rappresentare un'*altra Italia*. Cercano anche di mantenere una rete cospirativa all'interno del Paese, che però è ostacolata dall'accelerazione totalitaria degli anni Trenta. L'antifascismo militante è un fenomeno minoritario, anche se ben presente. L'OVRA arriva ad aprire 114.000 fascicoli di «sovversivi». La polizia politica è capace di penetrare capillarmente nelle pieghe della società italiana, attraverso il lavoro di centinaia di spie in Italia e nei circoli antifascisti rifugiatisi all'estero.

In Italia, tra i gruppi che operano in clandestinità, vi è quello di antifascisti liberali che si denomina Alleanza Nazionale. È stato fondato nel 1928 dal poeta Lauro De Bosis e da Mario Vinciguerra. Il gruppo, servendosi della posta, invia volantini che incitano il re e i cittadini a unirsi per abbattere il regime. Il suo scopo è quello di difendere i valori della libertà tra gli italiani, sottraendo alle forze di sinistra il monopolio dell'antifascismo. In un volantino si legge:

> «Da nove anni vi si dà a intendere che torna a conto sacrificare libertà e coscienza pur d'avere un governo forte e capace. Dopo nove anni vi accorgete che avete avuto non solo il più tirannico e il più corrotto ma anche il più bancarottiero di tutti i governi. Avete rinunziato alla libertà per vedervi tolto il pane! Accampato tra voi, come una guarnigione straniera, il fascismo, oltre a corrompere le vostre anime, distrugge le vostre sostanze»[69].

[69] E. Gentile, *Fascismo e antifascismo. I partiti italiani tra le due guerre*, Le Monnier, Firenze 2000, p. 245.

Al movimento dà il suo appoggio Benedetto Croce. Anche padre Enrico Rosa, che dirige *Civiltà Cattolica*, se ne fa sostenitore. I volantini di Alleanza Nazionale invitano chi non vuole impegnarsi nella clandestinità a praticare almeno alcune forme di disobbedienza al fascismo. Ecco alcuni consigli pratici:

«1. Non assistere a nessuna cerimonia fascista 2. Non comprare nessun giornale. Son tutte bugie 3. Non fumare (il fumo rende al fascismo oltre 3 miliardi l'anno, tanto di che pagare tutti i suoi sbirri) [...] 8. Diffondi le circolari dell'Alleanza 9. Forma una catena di amici fidati su cui puoi contare per ogni evenienza 10. Abbi fede nell'Italia e nella libertà»[70].

Nel 1930 gli esponenti di Alleanza Nazionale sono arrestati, mentre Lauro De Bosis si trova all'estero. Egli organizza una campagna mediatica fuori dall'Italia per evitare agli amici una condanna a morte. La pena è di quindici anni di reclusione. Il 3 ottobre 1931 De Bosis, dopo aver preso il brevetto da pilota, parte da Marsiglia con un aereo turistico e si dirige verso Roma, sulla quale lancia 400.000 volantini che chiedono al re e agli italiani di ribellarsi al fascismo. Precipita nel viaggio di ritorno, probabilmente a causa della mancanza di benzina.

2. *Resistenza degli animi*

Non tutto è scomparso sotto il peso del regime fascista, anche se i più importanti esponenti dell'antifascismo sono in esilio, al confino o comunque privi di spazio di azione, mentre Mussolini raccoglie ampi consensi. Negli anni Trenta le informative delle spie al soldo della polizia politica registrano una certa vitalità del mondo cattolico, che si manifesta come «resistenza degli animi». Arrigo Pozzi, la spia 390 che segue nascostamente le attività organizzate dall'Università Cattolica, scrive con sarcasmo all'inizio del 1943:

«L'unica forma compatta, l'unica forma dell'ordine sociale, sulla quale si potrà e si dovrà contare è quella costituita dai clericali riuniti at-

[70] *Ibid.*, pp. 245-246.

torno all'Azione cattolica, la quale non solo non è scomparsa di fronte al Fascismo, ma [...] ha preso nuove forze, ha vittoriosamente sostenuto la sua lotta contro l'avversario [...], ha stretto le sue file e aumentato il numero degli adepti e ha finito per organizzare silenziosamente una nuova classe dirigente»[71].

Nel 1928 a Milano era nato clandestinamente il Movimento guelfo d'azione. Ne sono animatori alcuni esponenti dell'AC legati al sindacalismo bianco, tra cui Piero Malvestiti e Gioacchino Malavasi. L'idea è di Malvestiti, che la propone a Malavasi, conosciuto negli ambienti milanesi dell'AC. Malavasi è uno dei primi laureati in Giurisprudenza dell'Università Cattolica ed è stato uno dei molti ragazzi educati da don Francesco Olgiati. La proposta è allargata a un gruppo di amici milanesi, tra cui Armando Rodolfi, e alla propaggine bresciana composta da Pietro Cenini, Angelo Pina e Andrea Cazzani. Un gruppo di guelfi sorge anche a Piacenza. Numerosi i contatti con don Luigi Piastrelli, animatore della FUCI di Perugia, e Renato Vuillermin, che ha militato nel PPI torinese. Scrive Malavasi a proposito delle motivazioni che hanno spinto i guelfi a unirsi:

«In sostanza i promotori e gli aderenti al Movimento guelfo d'azione erano animati dal naturale desiderio delle generazioni di muovere alla 'riscoperta' del mondo, degli uomini e dei loro sentimenti. [...] Forse in qualcuno di noi il movente era determinato da un indistinto, ma imperioso bisogno di opporsi comunque alla dittatura che ogni giorno di più comprimeva la libertà»[72].

I primi anni sono dedicati all'organizzazione dei gruppi guelfi. Nel 1932 si passa all'azione. I guelfi mirano a un'intensa opera di educazione, per arginare l'indottrinamento del regime. In un volantino distribuito verso la fine del 1932 si legge:

«Non ci lasceremo sedurre dal miraggio dell'insurrezione. Per ucciderci, bisognerà che il fascismo si adatti a fare il boia. Andare armata

[71] M. Bocci, *Agostino Gemelli rettore e francescano. Chiesa, regime democrazia*, Morcelliana, Brescia 2003, p. 594.
[72] P. Trionfini, *L'«Antifascismo cattolico» di Gioacchino Malavasi. Note per una biografia politica dell'«ultimo guelfo»*, Vita e Pensiero, Milano 2001, p. 343.

mano contro al fascismo non vuol dire oggi combattere la buona guerra, perché la guerra inutile non è buona. [...] Non si sciupino dunque le forze in sogni assurdi. La nostra sia oggi opera organizzata di educazione. Organizzare l'educazione. Contendere al fascismo il cuore del bimbo, la volontà del giovane, il pensiero dell'uomo. [...] Ai giovani bisogna parlare con concitata voce, che venga tutta dal cuore. Bisogna dir loro che cosa è la libertà, farla amare e volere. Dire con quale animo, per quale sogno di libertà, di giustizia e di pace i loro padri e i loro fratelli assaltarono con furia italica il Carso e il Grappa. Distruggere nella loro mente le menzogne fasciste non è difficile»[73].

I guelfi vogliono opporsi al fascismo perché la sua dottrina è inconciliabile con il cristianesimo, soprattutto per via dello Stato etico cui il regime si ispira. Ricordano che nel fascismo «tutto è nello Stato, e nulla di umano o di spirituale esiste, e tanto meno ha valore, fuori dello Stato». Il cristianesimo, invece, interviene nel «dualismo Stato-individuo a salvare i diritti» della persona[74]. Per i guelfi il fascismo si combatte con l'educazione del popolo. Consci della debolezza delle masse ammaestrate dal regime, ritengono che l'obiettivo più urgente è quello, prima ancora di insorgere, di liberare le coscienze degli italiani. Occorre «scuotere il Paese, mostrargli l'abisso verso il quale il fascismo lo trasci[na], ridargli [...] l'amore della libertà»[75]. Il «popolo sarà veramente Re – scrive Malvestiti – quel giorno in cui sarà folla di coscienze e non di macchine da lavoro»[76]. Antifascismo, dunque, come educazione civile e appello alla libertà dello spirito, che i guelfi rintracciano nella dottrina della regalità di Cristo e nella supremazia che essa stabilisce nei confronti dei sovrani di questo mondo. «Cristo Re e il popolo» è appunto il motto che compare sui manifesti diffusi clandestinamente all'inizio degli anni Trenta.

Le indagini della polizia fascista fino al 1933 non portano a grandi risultati. Ma i guelfi decidono di prendere contatti con altre forze antifasciste. Malavasi, inserito negli ambienti del Tribunale di Milano, è in contatto con gli avvocati antifascisti Lelio Basso e Mario Paggi. Frequenta anche un cenacolo di antifascisti presso la casa di don Ernesto Vercesi.

---

[73] E. Gentile, *Fascismo e antifascismo*, cit., p. 255.
[74] M. Bocci, *Oltre lo Stato liberale*, cit., p. 169.
[75] Manifesto guelfo, cit. *ibid.*, p. 174.
[76] C. Bellò, *L'onesta democrazia di Piero Malvestiti*, NED, Milano 1985, p. 58.

All'interno del Circolo di studi «Problemi del lavoro», fondato da Rinaldo Rigola, si apre un confronto tra i guelfi e il giellismo laico. Gli incontri non sfuggono alla polizia, che il 20 marzo 1933 arresta una cinquantina di persone, tra cui alcuni guelfi ed esponenti di «Giustizia e Libertà». Condannati dal Tribunale speciale al carcere, i guelfi rimangono una voce isolata all'interno del mondo cattolico, che ufficialmente ne prende le distanze. In effetti negli anni Trenta tra i cattolici sono pochi gli esempi di antifascismo, spesso anzi prevale una posizione filofascista. L'esistenza dei guelfi, tuttavia, come pure la diffusione delle loro idee attraverso i canali dell'associazionismo cattolico dimostrano che l'ininterrotto lavoro di educazione dei giovani non è stato vano. Non per niente i guelfi alimentano il loro antifascismo alla dottrina sociale degli ultimi Papi. Con il tempo cresceranno generazioni di giovani che si abituano ad avere punti di riferimenti anche diversi da quelli del regime, di cui il fascismo, preoccupato per la propria durata, ha decisamente timore. Scrive ancora Arrigo Pozzi nel 1934:

«Non è questione di tempo, è questione di preparazione. Il tempo è nelle mani di Dio. Si può aspettare senza impazienza. Questa resistenza al fascismo non è nuova. È la più grave e, nel campo politico, la più diffusa. Il fascismo è cosa di uomini, quindi mortale, la Chiesa è cosa di Dio, quindi immortale. Non si tratta altro che di attendere e di restare sempre pronti per la successione. Quindi nessun contributo fattivo al regime, ma ossequio formale e attesa non disgiunta da preghiere perché Dio liberi al più presto o per il meglio. Colla preghiera così concepita si organizza la resistenza degli animi, la resistenza morale»[77].

3. *Uomini liberi*

Nel 1944 Teresio Olivelli, laico cattolico, soldato, partigiano e medaglia d'oro della Resistenza, fonda *Il Ribelle*, un giornale antifascista.

«Ribelli: così ci chiamano, così siamo, così ci vogliamo. La nostra è anzitutto una rivolta morale [...], è rivolta contro un sistema, con-

[77] M. Bocci, *Agostino Gemelli*, cit., p. 331.

tro un modo di pensare e di vivere, contro una concezione del mondo. Non vi sono liberatori. Solo uomini che si liberano»[78].

«Ribelle per amore», Olivelli morirà nel 1945, a 29 anni, nel campo di Hersbruck, dopo incredibili atti di eroismo e di carità. La sua storia offre un esempio particolarmente luminoso del percorso di allontanamento dal regime fatto da molti italiani nella seconda metà degli anni Trenta. Olivelli è assistente alla cattedra di Diritto amministrativo nell'Università di Torino, ha partecipato alla vita culturale dell'Italia fascista, pur senza accettare, del fascismo, la violenza, la sopraffazione, il razzismo e l'avvicinamento alla Germania. Ha creduto di poter cristianizzare il regime, stando dentro la società del suo tempo. Sottotenente degli Alpini, si arruola volontario ed è inviato in Russia. Durante la disastrosa ritirata, si prodiga per soccorrere i feriti e assistere i moribondi, incurante del pericolo. Tornato in Italia, nel 1943 si rifiuta di consegnarsi alle truppe tedesche ed è rinchiuso nel campo di prigionia di Innsbruck. Da allora è protagonista di innumerevoli atti di coraggio e di altruismo, più volte arrestato, torturato e deportato. Si mette in contatto con le forze della resistenza cattolica del Bresciano e con il Comitato di Liberazione Nazionale, e ne riceve l'incarico di mantenere i collegamenti fra i partigiani di Cremona e Brescia. Olivelli è convinto che la ricostruzione dell'Italia non sarebbe possibile senza il recupero dei valori cristiani. Si prodiga quindi per diffondere la ribellione delle coscienze e delle menti, più che delle armi.

In effetti la disaffezione al regime è stata favorita dall'alleanza con la Germania nazista e dalle leggi razziali. Gli italiani hanno preso coscienza della progressiva divaricazione tra le proprie aspettative di pace e le scelte fasciste. Ancora pochi sono però gli esempi di antifascismo dichiarato, sia in campo laico, sia in campo cattolico. E tuttavia i precedenti atteggiamenti filofascisti cedono progressivamente il passo alla presa di coscienza dell'incompatibilità tra cristianesimo e fascismo. Anche il cardinale Alfredo Ildefonso Schuster, arcivescovo di Milano, il 17 gennaio 1939, nell'*Allocuzione al clero nel sinodo minore*, sostiene:

[78] Numero del 26 marzo 1944, cit. in A. Grasselli - S. Maletta, *I Giusti e la memoria del bene. Chi salva una vita salva il mondo intero*, CUSL, Milano 2006, pp. 156-160. Fino alla Liberazione escono circa 26 numeri del *Ribelle*, con una tiratura di 15.000 copie ognuno. La redazione inizialmente è composta da sei persone, di cui quattro saranno fucilate o moriranno nei campi di concentramento.

«Nello Stato fascista, l'individuo è elemento valutabile in quanto partecipante come Nazione alla vita dello Stato [...]. Neppure Machiavelli era giunto tant'oltre. [...] Lo Stato è precisamente l'assoluto hegeliano di buona memoria, creatore del diritto e perfino della religione. [...] Per il cristianesimo, gerarchia, sacramenti, fede, Paolo, Cefa, tutto è per l'uomo: *omnia vestri sunt*; l'uomo, a sua volta, è di Cristo, Cristo poi, per dirla con Paolo, è di Dio»[79].

L'evoluzione totalitaria della seconda metà degli anni Trenta provoca dunque uno scollamento tra fascismo e opinione pubblica. Durante la guerra, prima ancora che i gruppi politici antifascisti possano tornare ad agire e prima che si organizzi la resistenza armata, si comincia a creare una rete estesa di aiuti a favore di perseguitati e oppressi, cui contribuiscono uomini e donne, laici e cattolici. Il sempre più evidente fallimento della politica bellica fascista provoca il distacco definitivo del Paese dal regime. Il 25 luglio 1943 Mussolini è rovesciato da una congiura interna al fascismo, che ottiene l'appoggio del re. Nelle settimane successive iniziano convulse trattative per portare l'Italia fuori dal conflitto. L'8 settembre è reso noto l'armistizio: l'Italia si è arresa. I tedeschi occupano immediatamente il Paese e inducono Mussolini, che hanno liberato e portato in Germania, a costituire la Repubblica sociale italiana. Nel Nord Italia nascono le prima bande partigiane. È l'inizio della guerra di Liberazione, alla fine della quale l'Italia riavrà libere istituzioni democratiche.

Ma quella che emerge a partire da queste settimane convulse non è un'Italia del tutto nuova, come vorrebbe far credere un'artificiosa divisione tra un'Italia fascista e un'Italia antifascista. Non va in scena, nemmeno, la «morte della Patria», intesa come un totale stravolgimento dei precedenti punti di riferimento. A prendere parte alla Resistenza è infatti lo stesso «Paese reale» che in gran parte ha creduto al fascismo e che ora tenta di riscattarsi attraverso la lotta antifascista. Un ruolo fondamentale lo svolgono, non a caso, i militari italiani. Al momento dell'armistizio, mentre i comandi superiori lasciano l'esercito senza ordini e in preda alla vendetta tedesca, spesso sono gli ufficiali inferiori a prendere l'iniziativa e a rivolgere le armi contro i tedeschi, in battaglie tanto eroiche quanto disperate. E sono sem-

[79] G. Rumi - A. Majo, *Schuster e Milano*, NED, Milano 1983, pp. 129-130.

pre i militari a dar vita alle prime formazioni partigiane nel Nord. A questi si uniscono i vecchi antifascisti, che ritrovano spazi di manovra da lungo tempo perduti, e i giovani, che poco sanno di politica e di partiti, essendo cresciuti nell'Italia fascista. Quella che prende parte alla Resistenza è un'Italia spesso apolitica, che combatte i tedeschi per un elementare senso di giustizia e libertà, trovando solo in un secondo momento i propri interlocutori nei partiti.

Poco a poco si fa strada la necessità di cercare nuovi punti di riferimento, dopo il crollo delle strutture del ventennio. Ancora una volta è decisivo il ruolo esercitato dalla Chiesa cattolica, che funziona da elemento di continuità, importante per attraversare il delicatissimo momento della guerra civile. Dopo l'armistizio, un vivo senso di solidarietà porta laici e cattolici ad aprire case, conventi, canoniche e aule universitarie per salvare migliaia di ebrei e soldati in fuga. Le parrocchie, presenti in modo capillare sull'intero territorio del Nord Italia, diventano luoghi di rifugio per partigiani ed ebrei, oltre che fonte di molti aiuti per la popolazione e di protezione per tutti, senza distinzioni di razza o di appartenenza politica. Preti e organizzazioni cattoliche si adoperano poi in una difficile opera di mediazione, nel tentativo di fermare la spirale della violenza. Non sempre questo tentativo riuscirà. In alcune importanti città del Nord, come Milano, la presenza della Chiesa è fondamentale per garantire un trapasso di poteri quanto più pacifico possibile. In altre zone d'Italia, le settimane e i mesi successivi alla Liberazione saranno segnati da un'ondata di violenza che molto spesso vede cadere proprio i rappresentanti del movimento partigiano di ispirazione cattolica.

Negli anni bui della guerra civile è emerso però un fitto tessuto di iniziative di solidarietà. Uomini e opere ancora una volta si reinventano per far fronte alle terribili emergenze che sta vivendo il Paese, dimostrandosi il vero elemento di tenuta della società italiana. Da questo patrimonio si possono attingere significati e valori quanto mai preziosi dopo vent'anni di dittatura fascista e dopo gli sconvolgimenti della Seconda guerra mondiale. Allo slancio umanitario si unisce il sentimento di avversione contro lo straniero occupante; affiora un senso di solidarietà nazionale, che non è ancora la Resistenza, ma ne è la radice. Permangono insomma notevoli risorse etiche e sociali, che guideranno la rinascita italiana e fonderanno la Repubblica democratica.

4. *Reti di salvataggio*

Il 14 luglio 1938 è pubblicato in Italia il *Manifesto sulla razza*, che dà inizio a una serie di provvedimenti limitativi delle libertà degli ebrei sul suolo nazionale. In novembre vengono emanate le leggi razziali con un decreto-legge dal titolo *Provvedimenti per la difesa della razza*. Nella società italiana, tuttavia, gli ebrei sono da tempo ben integrati e le diverse comunità sono state riconosciute dallo stesso Mussolini con una legge del 1930. Anche per questa ragione nei primi anni la situazione in Italia non precipita e non vi sono deportazioni di massa.

Nel 1940 il duce impartisce l'ordine di internare gli ebrei stranieri che si trovano in Italia, all'interno di campi costituiti *ad hoc*, preferibilmente nel Meridione. Mussolini accetta però la costituzione di un'associazione, la DelAsEm (Delegazione assistenza emigranti ebrei), nata con lo scopo di aiutare gli ebrei stranieri rifugiatisi in Italia. L'associazione è fondata da alcuni ebrei italiani tra cui Lelio Vittorio Valobra, avvocato e fascista, che diviene presidente della DelAsEm, e Dante Almansi, che è stato capo della polizia nel primo governo Mussolini. La DelAsEm ha l'opportunità di muoversi all'interno del Paese e di costruire una fitta rete organizzativa, che permette la distribuzione di aiuti economici provenienti da donazioni di privati e dall'American Joint Distribution Committee (organismo nato nel 1914, per la raccolta di fondi a favore di ebrei in difficoltà nel mondo). L'organizzazione tenta di far espatriare gli ebrei verso l'America e la Palestina e si preoccupa di rispondere ai bisogni degli internati, inviando nei campi cibo, vestiti, giocattoli per i bambini, assistenza medica, ma anche insegnanti e rabbini per le necessità educative e spirituali[80].

Dopo l'8 settembre anche la situazione degli ebrei italiani precipita. Nel *Manifesto di Verona*, atto costitutivo della RSI, si legge: «Tutti gli ebrei sono stranieri e considerati nemici in questa guerra». Da questo momento devono essere internati anche gli ebrei italiani. I vertici della DelAsEm, specialmente gli uomini più in vista, fuggono all'estero. L'organizzazione è ormai fuori legge, ma continua a operare in clandestinità. Valobra, messosi in salvo in Svizzera, da lì dirige l'organizzazione, occupandosi specialmente del reperimento degli aiu-

[80] S. Antonini, *DelAsEm. Storia di una grande organizzazione ebraica italiana di soccorso durante la seconda guerra mondiale*, De Ferrari, Genova 2000; I. Gutman - B. Rivlin (a cura di), *I Giusti d'Italia. I non ebrei che salvarono gli ebrei 1943-1945*, Mondadori, Milano 2004.

ti economici. Prima della fuga, affida il proseguimento della DelAsEm al «volenteroso clero italiano»[81].

Nel campo di Campagna, città in provincia di Salerno, il vescovo Giuseppe Maria Palatucci si adopera per aiutare gli ebrei internati. Pio XII, per tramite del cardinale Maglione, gli invia aiuti economici, con una lettera che li destina di «preferenza per chi soffre per problemi di razza»[82]. All'interno del campo, grazie alla disponibilità della popolazione e all'accondiscendenza del direttore e delle guardie, è creata una sinagoga, a cui la DelAsEm destina oggetti di culto e di preghiera. C'è anche una squadra di calcio: chi vi partecipa può uscire dal campo, per sfidare le squadre della zona come ogni altra squadra del campionato locale. Gli ebrei possono girare per la città e, visto il sovraffollamento del campo, possono dormire presso le famiglie di Campagna. Un ex-internato scriverà a Palatucci, dopo la fine della guerra, per ringraziarlo «di una parola» che il vescovo ha detto agli ebrei quando sono arrivati a Campagna. «Questa parola – dice – mi è rimasta indimenticabile ed era la parola: FRATELLI!»[83]. Il nipote del vescovo, questore a Fiume, invia molti ebrei stranieri a Campagna, dove lo zio li accoglie e tenta poi di farli espatriare. Dopo l'annuncio dell'armistizio, al campo si presentano due soldati tedeschi per avvisare che il giorno successivo avrebbero prelevato gli ebrei. Palatucci, con l'aiuto del direttore del campo e delle guardie, nella notte fa evacuare gli internati nei boschi, dove rimangono nascosti per alcuni giorni, fino all'arrivo degli Alleati. I tedeschi trovano così il campo deserto[84].

Dal settembre 1943 i contatti sono sempre più difficili, ma il lavoro dell'organizzazione non si interrompe, fino alla conclusione del guerra. Genova, già sede centrale della DelAsEm, rimane un punto di riferimento per gli ebrei del Nord Italia, sia per la sua posizione strategica, sia per il lavoro svolto dalla Chiesa cittadina in strettissimo contatto con Valobra. Quest'ultimo, infatti, si è deciso a fuggire solo dopo aver avuto l'assicurazione dall'arcivescovo della città, il cardinale Pietro Boetto, e dal suo segretario don Francesco Repetto che si sarebbero occupati di far proseguire la DelAsEm. Con loro collabora Massimo Teglio, un altro importante esponente dell'organizzazione. I fi-

[81] S. Antonini, *DelAsEm*, cit., p 279.
[82] P. Vanzan - M. Scatena, *Giovanni Palatucci, il questore «giusto»*, Pro Sanctitate, Roma 2004, p. 61.
[83] G. Petroni, *Gli ebrei a Campagna durante il secondo conflitto mondiale*, Comitato «Giovanni Palatucci», Salerno 2001, p. 165.
[84] P. Vanzan - M. Scatena, *Giovanni Palatucci*, cit.

nanziamenti recuperati da Valobra arrivano a Genova e sono distribuiti in tutto il Nord. Don Repetto assegna ad alcuni sacerdoti della diocesi viaggi speciali variamente motivati, durante i quali portano denaro dove è necessario.

A Firenze la DelAsEm ha assunto il nome di Comitato ebraico-cristiano, promosso dal rabbino Nathan Cassuto e dall'arcivescovo della città, il cardinale Elia Dalla Costa. I fondi sono offerti dal Joint americano. I conventi della città aprono le loro porte anche grazie a una lettera dell'arcivescovo, che invita i religiosi a lavorare per la causa ebraica. Nel novembre del 1943 un gruppo di SS fa irruzione nella sede fiorentina dell'Azione Cattolica, dove è riunito il Comitato, e tutti gli ebrei presenti, compreso il rabbino Nathan Cassuto, sono arrestati e poi deportati. L'opera però prosegue fino alla Liberazione della città, in stretto collegamento con altre città come Lucca ed Assisi[85]. Quest'ultima, in particolare, vede un forte coinvolgimento del vescovo Giuseppe Placido Nicolini e di padre Ruffino Nicacci, guardiano del convento di San Domenico. Per il gran numero di conventi Assisi può accogliere e salvare molti ebrei, nascosti da religiosi e religiose[86]. Il trasporto di denaro e documenti tra Firenze, Lucca e Assisi avviene attraverso una fitta rete di amici e collaboratori, tra i quali c'è il ciclista Gino Bartali che, grazie al permesso ottenuto per potersi allenare, trasporta, nascosti nella canna della bicicletta, denaro e documenti che distribuisce nelle campagne toscane.

In Emilia è importante il lavoro di Odoardo Focherini, padre di sette figli, responsabile dell'AC di Carpi, dal 1939 amministratore delegato dell'*Avvenire d'Italia* di Bologna. Dopo l'8 settembre Focherini inizia la sua opera di salvataggio. Le basi dell'organizzazione sono la sede del giornale, la sua casa a Carpi e la parrocchia di don Dante Sala. Sono circa un centinaio gli ebrei che chiedono aiuto a Focherini e a don Sala. Odoardo è arrestato l'11 marzo 1944 a Carpi e poi inviato in Germania, nel campo di concentramento di Hersbruck, dove muore il 27 dicembre[87]. Sempre in Emilia si svolge la vicenda di Villa Emma, nelle campagne di Nonantola in provincia di Modena: nel 1942 vi sono ospitati una cinquantina di giovanissimi ebrei scappati dalla Slove-

---

[85] I. Gutman - B. Rivlin (a cura di), *I Giusti d'Italia*, cit., pp. 92 ss.
[86] M. Gilbert, *I giusti. Gli eroi sconosciuti dell'olocausto*, Roma, Città Nuova, 2007.
[87] I. Gutman - B. Rivlin (a cura di), *I Giusti d'Italia*, cit.

nia, e altri trenta che arrivano dalla Croazia nel 1943. È Mario Finzi, delegato bolognese della DelAsEm, a prodigarsi insieme al medico Giuseppe Moreali, a don Arrigo Beccari e don Ennio Tradini. La popolazione si adopera a favore dei giovani ebrei, a cui manca tutto: si trovano cibo, vestiti, letti e libri. Dopo l'8 settembre i «ragazzi di Villa Emma» sono in pericolo e don Beccari si preoccupa di metterli al sicuro: una trentina sono sistemati all'ultimo piano del Seminario di Nonantola, altri sono ospitati nell'asilo delle suore della città, altri ancora sono alloggiati presso una trentina di famiglie. Da queste sistemazioni provvisorie sono fatti espatriare in Svizzera, a piccoli gruppi, tra il 6 e il 17 ottobre 1943[88]. Mario Finzi recupera documenti falsi, che sono stampati in una tipografia di Bologna e servono sia per il territorio emiliano, sia per il lavoro del Comitato ebraico-cristiano di Firenze. Finzi viene arrestato nel marzo del 1943 e muore l'anno successivo ad Auschwitz. Don Beccari, anche per i suoi rapporti con la Resistenza, è arrestato nel settembre del 1944 e liberato il 25 aprile 1945.

In Piemonte molti ebrei italiani partecipano alla Resistenza e lo stesso CLN è collegato con le operazioni di salvataggio. In un rapporto della DelAsEm si legge il nome dell'avvocato Giuseppe Brusasca, definito il capo della Democrazia Cristiana in quella regione e l'uomo che porterà avanti il lavoro dell'associazione[89]. Effettivamente Brusasca, fondatore della divisione partigiana autonoma «Patria» nel Monferrato, sarà riconosciuto «giusto d'Israele» per aver salvato alcune famiglie ebree. A Roma la DelAsEm è tenuta in vita fino alla Liberazione della città da Settimo Sorani e Dante Almansi, già organizzatori di spicco dell'associazione e in stretti rapporti con il Vaticano, tramite il quale vengono procurate cospicue somme di denaro e raccolti cibo e beni di prima necessità. La presenza, presso la Santa Sede, dell'incaricato statunitense permette di tenere costantemente informato il Joint americano, che continua a inviare consistenti aiuti economici.

A Milano, come a Firenze, si costituisce un Comitato composto da ebrei e cristiani, voluto da Giuseppe Sala, direttore dell'Opera San Vincenzo che diviene sede dell'organizzazione e stamperia di documenti falsi. Anche in questa città la DelAsEm trova sostegno presso l'ar-

[88] M. Gilbert, *I giusti*, cit., pp. 344-366.
[89] S. Antonini, *DelAsEm*, cit., p. 271.

civescovo Schuster, il suo segretario don Ecclesio Terraneo e alcuni giovani sacerdoti, come don Giovanni Barbareschi. Schuster trasforma l'arcivescovado in ufficio informazioni per prigionieri e internati e crea la Domus ambrosiana, che sopperisce alle urgenti necessità dell'edilizia popolare. Accogliendo l'appello dell'arcivescovo, vari comitati cittadini, in una vera e propria di gara di solidarietà, forniranno alle famiglie bisognose abitazioni con affitti inferiori a quelli delle case popolari. Anche in Università Cattolica c'è un «ufficio-falsi», fatto funzionare da padre Carlo da Milano, assistente dell'Associazione Necchi tra laureati dell'ateneo. Padre Carlo svolge un'intensa attività di salvataggio di ebrei, profughi, soldati e prigionieri. Stampa tessere di identità e documenti militari contraffatti, che servono per scappare in Svizzera. Il cappuccino accompagna i fuggitivi fino al confine o nei punti di raccordo da cui partono gli espatri clandestini. Uno di questi punti, da cui gli ebrei sono aiutati a fuggire nell'Italia liberata, si trova sugli Appennini di Parma. È Nilde Jotti a indicarlo a padre Carlo[90].

La vicenda di Giovanni Palatucci, salernitano, reggente la Questura di Fiume dove è addetto all'ufficio stranieri, è davvero eccezionale. Funzionario dello Stato per sua scelta, dal 1938 si prodiga a favore degli ebrei. «Vogliono farci intendere che il cuore sia solo un muscolo, e non quello che la nostra coscienza e la nostra religione ci detta», scrive a un amico[91]. Seguendo le ragioni del cuore, Palatucci costituisce una fitta rete di collaboratori, composta da colleghi della Questura, funzionari delle poste, famiglie e molti amici disposti ad aiutarlo. Anzitutto fa assegnare un centinaio di ebrei fiumani, che hanno vista revocata la cittadinanza italiana, al campo di Campagna, dove lo zio può aiutarli a espatriare. Elimina poi sistematicamente ogni documento presente in Questura riguardante gli ebrei fiumani. Con l'occupazione della città da parte dei tedeschi, la situazione si complica. Avendo collaboratori infiltrati agli uffici delle poste, molte lettere indirizzate ai tedeschi vengono portate preventivamente in Questura. Palatucci le apre con il vapore e legge i nomi degli ebrei ricercati, richiude le lettere e nella notte va, casa per casa, ad avvisare le famiglie, le ospita in rifugi provvisori per avere il tempo di trovare docu-

---

90 A.L. Carlotti, *Il memoriale di padre Carlo, fonte autentica per la storia della Cattolica nella Resistenza*, in G. Bianchi - B. De Marchi (a cura di), *Per amore ribelli. Cattolici e resistenza*, Vita e Pensiero, Milano 1976, pp. 90-107.

91 P. Vanzan - M. Scatena, *Giovanni Palatucci*, cit., p. 38.

menti falsi. Palatucci salva la vita di circa 1000 ebrei. Nella notte tra il 13 e il 14 dicembre 1944 è arrestato dalle autorità tedesche, che hanno scoperto la sua attività, ed è deportato a Dachau, dove muore il 10 febbraio 1945.

In Italia gli ebrei rimasti intrappolati nel territorio della Repubblica di Salò sono circa 32.300. Di questi, circa 8000 sono arrestati e deportati nei campi di sterminio. Attraverso le reti di salvataggio, 23.500 riescono a sfuggire alla deportazione. I salvataggi continuano fino alla Liberazione, grazie alla generosità di famiglie, persone coraggiose e interi paesi. Tali gesti di generosità sono sostenuti dalla fitta rete di rapporti che si diffonde sul territorio nazionale, con una capillarità che, visto il difficilissimo periodo, è davvero eccezionale. Queste trame, intessute di amicizia e di una disponibilità a collaborare che è ben consapevole dei rischi che ne possono derivare, dimostrano una società ancora viva, capace di spendersi per il bene di tutti.

Bibliografia essenziale seconda parte

G. De Rosa, *Il Partito Popolare Italiano*, Laterza, Bari 1969.

Gli atti dei congressi del Partito Popolare Italiano, a cura di F. Malgeri, Morcelliana, Brescia 1969.

P. Scoppola, *La Chiesa e il fascismo. Documenti e interpretazioni*, Laterza, Bari 1971.

M. Sica, *Storia dello scautismo in Italia*, La Nuova Italia, Firenze 1973.

G. Bianchi - B. De Marchi (a cura di), *Per amore ribelli. Cattolici e resistenza*, Vita e Pensiero, Milano 1976.

G. Valente, *Aspetti e momenti dell'azione sociale dei cattolici in Italia (1892-1926)*, a cura di F. Malgeri, Cinque Lune, Roma 1978.

P. Scoppola, *Dal neoguelfismo alla Democrazia Cristiana*, Studium, Roma 1979.

F. Malgeri, *Storia del movimento cattolico in Italia*, vol. III, Il poligono, Roma 1980.

G. Paolucci, *La casa del popolo. Origini e vicende dell'Opera Cardinal Ferrari*, NED, Milano 1980.

L. Arbizzani, S. Bologna e L. Testoni (a cura di), *Storie di Case del popolo. Saggi, documenti e immagini d'Emilia-Romagna*, Grafis, Casalecchio di Reno 1982.

G. Rumi - A. Majo, *Schuster e Milano*, NED, Milano 1983.

G. Rumi, *Padre Gemelli e l'Università Cattolica*, in *Milano cattolica nell'Italia unita*, NED, Milano 1983.

C. Bellò, *L'onesta democrazia di Piero Malvestiti*, NED, Milano 1985.

A. Majo, *Armida Barelli*, NED, Milano 1989.

M. Bocci, *La casa del popolo alla Fontana*, NED, Milano 1991.

L. Cavazzoli - R. Salvadori, *Civiltà contadina e lotte operaie. Sessant'anni di sindacalismo nel mantovano (1900-1960)*, Angeli, Milano 1993.

E. Preziosi, *La Giornata universitaria e l'Associazione Amici: due strumenti per un'Università radicata tra la gente*, Tipografica sociale, Monza 1995.

P. Barral, *Le magistère de Pie XI sur l'Action catholique*, in *Achille Ratti pape Pie XI*. Atti del Colloquio organizzato dall'École française di Roma in collaborazione con l'Università di Lilla 3, Roma 15-18 marzo 1989, École française de Rome, Paris-Roma 1996, pp. 591-603.

M. Casella, *Pio XI e l'Azione Cattolica italiana*, in *Achille Ratti pape Pie XI*. Atti del Colloquio organizzato dall'École française di Roma in collaborazione con l'Università di Lilla 3, Roma 15-18 marzo 1989, École française de Rome, Paris-Roma 1996, pp. 605-640.

M. Bocci, *Oltre lo Stato liberale. Ipotesi su politica e società nel dibattito cattolico tra fascismo e democrazia*, Bulzoni, Roma 1999.

S. Antonini, *DelAsEm. Storia di una grande organizzazione ebraica italiana di soccorso durante la seconda guerra mondiale*, De Ferrari, Genova 2000.
E. Gentile, *Fascismo e antifascismo. I partiti italiani tra le due guerre*, Le Monnier, Firenze 2000.
G. Petroni, *Gli ebrei a Campagna durante il secondo conflitto mondiale*, Comitato «Giovanni Palatucci», Salerno 2001.
P. Trionfini, *L'«Antifascismo cattolico» di Gioacchino Malavasi. Note per una biografia politica dell'«ultimo guelfo»*, Vita e Pensiero, Milano 2001.
C. Dau Novelli, *Azione Cattolica*, in *Dizionario del fascismo*, a cura di V. De Grazia e S. Luzzatto, vol. I, Einaudi, Torino 2002, pp. 126-128.
M. Bocci, *Agostino Gemelli rettore e francescano. Chiesa, regime, democrazia*, Morcelliana, Brescia 2003.
M. Bocci, *Pio XI, padre Agostino Gemelli e la battaglia per la libertà dell'insegnamento*, in *Pio XI e il suo tempo. Terza edizione.* Atti del Convegno, Desio, 8-9 maggio 2004, a cura di F. Cajani, Desio, GR edizioni - I Quaderni della Brianza, 2004, pp. 55-85.
I. Gutman - B. Rivlin (a cura di), *I Giusti d'Italia. I non ebrei che salvarono gli ebrei 1943-1945*, Mondadori, Milano 2004.
P. Vanzan - M. Scatena, *Giovanni Palatucci, il questore «giusto»*, Pro Sanctitate, Roma 2004.
M. Casella, *Stato e Chiesa in Italia dalla Conciliazione alla riconciliazione (1929-1931)*, Congedo, Galatina 2005.
Y. Chiron, *Pio XI. Il Papa dei Patti Lateranensi e dell'opposizione ai totalitarismi*, San Paolo, Cinisello Balsamo 2006.
A. Grasselli - S. Maletta, *I Giusti e la memoria del bene. Chi salva una vita salva il mondo intero*, CUSL, Milano 2006.
A. Cova (a cura di), *I discorsi di inizio anno da Agostino Gemelli a Adriano Bausola*, in *Storia dell'Università Cattolica del Sacro Cuore, Le fonti*, vol. I, Vita e Pensiero, Milano 2007.
M. Gilbert, *I giusti. Gli eroi sconosciuti dell'olocausto*, Città Nuova, Roma 2007.
G. Sale, *Popolari, chierici e camerati*, II vol., Jaca Book, Milano 2007.
A. Carera, *Percorsi di auto legittimazione del sindacalismo «bianco» a inizio Novecento*, in C.A. Barberini (a cura di), *Le origini del movimento sindacale in Italia e la nascita della Confederazione generale del lavoro*, Unicopli, Milano 2008, pp. 189-208.
R. Moro, *Pio XI: il Papa dell'Azione Cattolica*, in E. Preziosi (a cura di) *Storia dell'Azione Cattolica: la presenza nella Chiesa e nella società italiana*, Rubbettino, Soveria Mannelli 2008.
E. Gentile, *Fascismo. Storia e interpretazione*, Laterza, Roma-Bari 2009.
G. Romanato, *Gemelli e Pio XI. Due progetti coincidenti*, in M. Bocci (a cura di), *Agostino Gemelli e il suo tempo*, in *Storia dell'Università Cattolica del Sacro Cuore*, vol. VI, Vita e Pensiero, Milano 2009, pp. 111-123.
M. Bocci (a cura di) *Giuseppe Dalla Torre. Dal movimento cattolico al servizio della Santa Sede*, Vita e Pensiero, Milano 2010.
F. Tanzilli, *La funzione sociale dello studio. Padre Gemelli e il sostegno agli studenti dell'Università Cattolica*, in A. Carera (a cura di), *Per una comunità educante. La formazione e la didattica*, in *Storia dell'Università Cattolica, Le Istituzioni*, vol. IV, Vita e Pensiero, Milano 2010, pp. 437-490.
C. Besana, «Corporativismo fascista e corporativismo cattolico», in *Nuova secondaria*, 15 febbraio 2011, pp. 39-41.

PARTE TERZA
La Costituzione

La Costituzione del nuovo Stato italiano

1. *Il contesto internazionale*

L'Italia che Alcide De Gasperi difende alla Conferenza di pace di Parigi del 1946 è un Paese che ormai da un anno, dopo la Liberazione del 1945, sta facendo i conti con i danni umani e materiali causati dal contrasto e da venti mesi di «guerra civile». Il prodotto interno lordo italiano è crollato, la flotta mercantile è stata distrutta. Infrastrutture e abitazioni danneggiate, debito pubblico triplicato, reddito medio pro capite dimezzato, tasso di disoccupazione formalmente elevatissimo e incalcolabile in termini reali, perché molti prigionieri di guerra non sono ancora tornati a casa. Per fornire un esempio della «qualità» della vita italiana in quel primo anno di dopoguerra, basti dire che i prezzi al consumo sono aumentati di circa 18 volte (senza contare la «borsa nera»), che la paga mensile media di un operaio specializzato che abita in provincia di Milano è di 1.200 lire quando ne occorrono 50 per acquistare un chilo di pane e 186 per comperare un chilo di carne.

Nonostante l'intervento della delegazione italiana, il nostro Paese subisce un trattamento estremamente duro. Gli Alleati, pur riconoscendo il contributo dato alla guerra contro i tedeschi dopo il 13 ottobre 1943, non dimenticano che il nostro Paese ha preso direttamente parte alla guerra di aggressione di Hitler e si comportano di conseguenza: all'Italia vengono imposte mutilazioni del territorio nazionale, la rinunzia alle colonie, riparazioni, limitazioni alla sovranità dello Stato, divieti per gli armamenti anche solo difensivi, restrizioni di vario genere.

Poco prima della Conferenza di pace di Parigi, gli italiani sono chiamati alle urne per decidere se mantenere in vita la monarchia o instaurare una repubblica, nonché per eleggere i membri di un'assemblea destinata a redigere la nuova Costituzione nazionale.

Intanto in quella tarda primavera del 1946 alcune zone del Paese sono ancora teatro di regolamenti di conti e vendette di vario genere, in parte frutto tragico della guerra civile, in parte del tentativo di alcune forze politiche di approfittare della situazione per eliminare fisicamente i propri avversari. La situazione non è meno conflittuale a livello internazionale. Nel febbraio del 1945 la conferenza di Yalta ratifica una divisione dell'Europa già imposta nei fatti dalla posizione delle armate alleate e sovietica con l'avvicinarsi della fine del conflitto. Nei mesi successivi le prospettive di una collaborazione interna alla grande alleanza, anche dopo la sconfitta di Hitler, si riducono sempre di più: le posizioni di Stati Uniti e Unione Sovietica divergono su alcune questioni specifiche, come il destino della Germania, e a poco a poco le differenze ideologiche mostrano tutta la loro rilevanza. Alla conferenza di Potsdam, nell'estate del 1945, le due superpotenze si presentano nei fatti divise su tutto. La divisione verrà cristallizzata nel 1947 con la sovietizzazione orientale e la politica del «containment» americana.

La strategia sovietica prosegue secondo il principio della correlazione di forze, stabilito fin dall'inizio del conflitto: dove è possibile farlo, come accade nei Paesi dell'Europa orientale occupati dall'Armata rossa, Stalin rafforza il suo controllo fino a imporre dei regimi filocomunisti. Nell'Europa occidentale invece, dove non vi sono le condizioni per tentare una presa del potere rivoluzionaria, i partiti comunisti ricevono l'indicazione di rafforzare la propria posizione all'interno dei Governi operando in un quadro di legalità, anche se accompagnata da un'attività clandestina. Ciò avviene anche in Italia.

2. *L'Assemblea costituente*

Al momento di andare al voto per il referendum monarchia/repubblica, il 2 giugno 1946, non era chiaro per nessuno la direzione che avrebbe preso l'Italia, tanto meno si poteva prevedere dove sarebbe andato il mondo uscito dalla guerra.

Il referendum premia, non senza contestazioni, coloro che vogliono dare all'ordinamento costituzionale italiano una forma repubblicana. I risultati della votazione dell'Assemblea costituente danno anche indicazioni sui rapporti di forza intercorrenti tra i partiti nati, o rinati, dopo la caduta del fascismo.

Dei 556 seggi a disposizione, 209 vanno alla Democrazia Cristiana, che diventa il partito di maggioranza relativa, con il 35 per cento dei voti. Al Partito socialista di unità proletaria vanno 115 seggi (20 per cento), mentre al Pci 104 seggi (19 per cento). Insieme, le sinistre sfiorano il 41 per cento. Altri 130 seggi (circa l'11 per cento) vanno ad altre formazioni politiche (Partito liberale, Partito repubblicano, Partito d'azione, Democrazia nel lavoro, l'Uomo qualunque).

3. *I nuovi protagonisti della politica italiana*

Chi sono e da dove provengono gli uomini della Costituente? Nelle file della Democrazia Cristiana militano alcuni esponenti del Partito popolare che non hanno voluto e potuto partecipare alla vita politica nazionale durante il periodo del fascismo. Essi sono affiancati, tra gli altri, da personalità estranee all'esperienza del movimento cattolico sturziano e provenienti invece dalla Fuci (l'organizzazione degli universitari cattolici), dal Movimento laureati di Azione Cattolica e dall'Università Cattolica. Tra di essi emergono alcuni futuri dirigenti della DC, come Aldo Moro e Amintore Fanfani. Tra le fonti di ispirazione di costoro ci sono gli intellettuali cattolici francesi, a cominciare da Jacques Maritain con il suo progetto di una «nuova cristianità» delineato nel saggio *Umanesimo integrale*.

I democristiani più giovani sono ostili allo Stato liberale e alla cultura che lo sostiene, che produrrà, secondo loro, la crisi di civiltà che sfocierà poi nel conflitto mondiale. Molti esponenti della seconda generazione sono giuristi, a cominciare da Giuseppe Dossetti e Giorgio La Pira: influenzati profondamente dalla neoscolastica, costoro hanno elaborato una visione organicistica, che riconosce l'esistenza di formazioni sociali intermedie tra l'individuo e lo Stato, ma che al tempo stesso attribuisce a esso un ruolo molto ampio. La riflessione sulle cause della crisi del 1929 e sulle prospettive corporativistiche rafforzano tale fiducia nei confronti dello Stato, al punto che alcuni storici hanno parlato di una «sorta di riscoperta dello Stato» da parte dei cattolici, che invece fino a quel momento si erano dimostrati per lo più ostili allo Stato liberale.

Tutto questo emerge anche nel cosiddetto «Codice di Camaldoli», un documento che è stato redatto nel 1943. In base al Codice, lo Stato ha il compito e il fine di realizzare la giustizia sociale. Questo legittima «l'intervento positivo dell'autorità nell'economia, sia per promuovere, coordinare e limitare nell'interesse del bene comune le attività degli individui e delle comunità locali, regionali e professionali, sia per svolgere una diretta attività economica». Si può dire che è questa «riscoperta dello Stato», insieme peraltro a molti altri fattori storici e ideologici, che favorisce un dialogo con il blocco delle sinistre, del Pci in particolare. Tuttavia, sul piano ideale, non si può dimenticare che le battaglie e le scelte decisive dei cattolici nella Costituente sono contrassegnate dai riferimenti alla dottrina sociale della Chiesa, alla sussidiarietà e alla difesa dei corpi intermedi.

All'interno del Pci non esistono giuristi di chiara fama, ma laureati in legge che hanno fatto i «rivoluzionari di professione», tra i quali figura Palmiro Togliatti, se si è conquistato li soprannome di «avvocato del Komintern» da parte di Stalin. Ci sono poi militanti combattenti, dai cosiddetti «spagnoli» ai più giovani emersi dalle file della Resistenza. Poi la massa dei giovani umanisti, quasi tutti «redenti» dall'attività nei Guf fascisti, e anche grandi personaggi della cultura italiana come il latinista Concetto Marchesi.

Ma il playmaker della situazione è Togliatti, che interpreta correttamente, anche in modo convincente per gli italiani, la «svolta di Salerno», la «democrazia progressiva», la via legale ed elettorale al socialismo, lasciando armi e apparato clandestino in cantina, come gli ha «suggerito» Stalin. Quindi niente pianificazioni generali e nazionalizzazioni, anche se «lo Stato doveva prendere nelle sue mani la grande industria monopolistica e rendere effettivo il suo controllo su tutto il sistema bancario». Poi una energica politica fiscale contro le classi abbienti, il controllo sulla produzione esercitato dai Consigli di gestione, un efficace controllo sui prezzi, la nazionalizzazione delle imprese monopolistiche, l'inizio di una riforma agraria a favore dei contadini senza terra. In più, il Pci vede nell'Iri, fondata da Alberto Beneduce (che ha in statuto il salvataggio di imprese per reintrodurle, privatizzandole, sul mercato), «il nucleo essenziale del settore pubblico dell'economia». In questo quadro comunque il Pci si impegna a lasciare un campo vasto all'economia di mercato.

Altri protagonisti della Costituente sono i socialisti, la seconda forza politica in quel momento, che appaiono spesso troppo «laicisti», troppo immersi nel dibattito politico-ideologico – come Pietro Nenni –, troppo divisi al loro interno tra le posizioni socialdemocratiche di Giuseppe Saragat e quelle radicali di Lelio Basso.

Gli «azionisti» possono contare su un grande giurista come Piero Calamandrei, mentre la pattuglia liberale annovera personalità di rilievo quali Benedetto Croce, Luigi Einaudi, Enrico De Nicola, Francesco Saverio Nitti, Vittorio Emanuele Orlando, Ivanoe Bonomi. Questi uomini sembrano avere la preoccupazione di contenere l'azione dell'amministrazione centrale per non danneggiare le libertà individuali.

In questo contesto vario, ampio, fortemente ideologizzato, ci sono momenti di tensione e di asprezza. I costituenti creano la Commissione dei settantacinque, a sua volta divisa in tre sottocommissioni, cui viene dato il compito di redigere un progetto di Carta costituzionale da sottoporre all'Assemblea in seduta plenaria. I costituenti, responsabili del collegamento con la realtà sociale, riescono a trovare un nobile compromesso e il 22 dicembre del 1947 approvano il testo che entra in vigore il primo gennaio del 1948.

La nuova Carta costituzionale riconosce le persone e le formazioni sociali preesistenti allo Stato e contiene alcune aperture relativamente al ruolo che la società civile può svolgere a vantaggio del bene comune.

4. *L'accordo del buon senso*

La Costituzione viene approvata al termine di un lungo dibattito, reso drammatico dalle posizioni ideologiche difese dai costituenti, dalla tensione politica interna e dal quadro internazionale in movimento e sempre più spaccato tra i vincitori della guerra. Ciononostante i padri fondatori giungono infine a individuare i principi condivisi sulle finalità che i poteri pubblici dovranno perseguire, nonché sulle modalità con le quali ciò dovrà avvenire.

Nel groviglio politico nazionale e internazionale di quegli anni, la Carta costituzionale risulta un compromesso virtuoso, un accordo istituzionale che permette all'Italia di assumere un ruolo significativo nel consesso mondiale.

Di questo compromesso virtuoso, e soprattutto del ruolo svolto dai cattolici, ha parlato il 17 marzo 2011 Benedetto XVI, nel messaggio inviato al Presidente della Repubblica, Giorgio Napolitano, per i 150 anni dell'Unità d'Italia: «Se il testo costituzionale fu il positivo frutto di un incontro e di una collaborazione tra diverse tradizioni di pensiero, non c'è alcun dubbio che solo i costituenti cattolici si presentarono allo storico appuntamento con un preciso progetto sulla legge fondamentale del nuovo Stato italiano, con dimostrazione di assoluta fedeltà allo Stato e di dedizione al bene comune e collocando l'Italia in proiezione europea».

5. *L'Assemblea costituente tra luci e ombre*

Il documento concordato tra democristiani, socialisti, comunisti e liberali viene approvato dall'Assemblea quasi all'unanimità, così che subito si parla di una «Costituzione di tutti».

In effetti, le disposizioni inserite nella nuova Carta repubblicana sono il frutto di un serrato confronto tra gli esponenti di tutte le forze politiche presenti in Costituente, le quali, in nome del bene comune, sono determinate a superare in buona parte le contrapposizioni ideali e ideologiche per ricercare soluzioni condivisibili e condivise da tutti.

Questo emerge chiaramente nella seduta del 24 marzo 1947, dalle parole del giovane democristiano Aldo Moro: «Lo Stato assicura veramente la sua democraticità, ponendo a base del suo ordinamento il rispetto dell'uomo che non è soltanto un individuo, ma che è società nelle sue varie forme, società che non si esaurisce nello Stato. La libertà dell'uomo è pienamente garantita, se l'uomo è libero di formare degli aggregati sociali e di svilupparsi in essi. Lo Stato veramente democratico riconosce e garantisce non soltanto i diritti dell'uomo isolato, che sarebbe in realtà un'astrazione, ma i diritti dell'uomo associato secondo una libera vocazione sociale».

All'interno di questa posizione di fondo non mancano ombre, intelligibili alla luce del particolare momento storico che vede nello Stato l'attore eminente delle politiche economiche e sociali: è il tempo in cui, a Est, Stalin vara i piani quinquennali, mentre a Ovest dominano le teorie keynesiane.

Tra i giuristi italiani dominano le dottrine giuspositivistiche mentre restano le suggestioni derivate dallo Stato etico, come una forma accettabile di organizzazione sociale. Tutto ciò rende difficile immaginare soluzioni autenticamente innovative: significativa è l'opposizione di Togliatti all'introduzione della Corte costituzionale – che avrebbe potuto impedire le riforme radicali in campo economico che tanto gli stanno a cuore – mentre le norme sulle nazionalizzazioni e sull'economia dimostrano un'ambigua natura, tanto da risultare compatibili sia con uno Stato liberale a forte connotazione sociale, sia con uno Stato socialista «satellite» dell'Unione Sovietica.

Sturzo accusa di eccessivo statalismo il progetto di Costituzione, prefigurando il rischio che si correrà nel successivo sviluppo dell'ordinamento, quando si affermano interpretazioni unilaterali dello stesso testo costituzionale, prima fra tutte quella sul «senza oneri per lo Stato» dell'articolo 33 della Costituzione.

Quest'ultimo resta, in particolare, uno degli aspetti irrisolti del testo costituzionale la cui interpretazione, in distonia con il favore espresso dall'articolo 2 per le formazioni sociali (tra le quali la dottrina maggioritaria annovera anche la scuola) ha per lungo tempo ostacolato e persino compromesso l'iniziativa della società civile nel campo educativo.

Un destino analogo nello sviluppo dell'ordinamento tocca al sistema non-profit, anch'esso riconducibile al riconoscimento del pluralismo sociale (articolo 2) e alla libertà di associazione (articolo 18), che rimane a lungo privo di quella considerazione civilistica e fiscale che avrebbe contribuito a non disperdere la tradizione della Welfare Society.

I risultati sono paradossali: solo nel 1997 viene abrogato l'articolo 17 del Codice civile che ancora prevedeva la necessità di autorizzazione governativa alle associazioni e alle fondazioni per accettare donazioni e lasciti.

Le luci e le ombre della Carta costituzionale, ma, allo stesso tempo, la volontà di chiudere una partita decisiva per l'Italia come il nuovo assetto istituzionale, si possono vedere dall'analisi di alcuni articoli (2, 33, 38, 41). Da questo esame emerge che in sede costituente si realizza «un compromesso a geometrie variabili» dovuto all'incidenza degli aspetti di carattere ideologico e politico. Aspetti che tuttavia non danno ragione in modo esaustivo della natura del compromesso raggiunto.

Ragioni di realismo politico si trovano in queste parole di Palmiro Togliatti: «Abbiamo cercato di arrivare a una unità, cioè di individuare quale poteva essere il terreno comune sul quale potevano confluire correnti politiche e ideologiche diverse, per costruire un regime nuovo e abbastanza ampio per andare al di là di quelli che possono essere accordi politici contingenti». È un'affermazione che trova un immediato riscontro, quando si consideri che la Costituzione viene approvata nel dicembre del 1947 con circa il 90 per cento dei voti e che, invece, nello stesso anno il Pci esce dal governo.

Quanto detto è ben documentato dall'analisi puntuale delle discussioni relative a taluni articoli della Costituzione.

6. *L'articolo 2: il riconoscimento dei diritti dell'uomo e delle formazioni sociali*

Nella Costituzione i principi che esprimono le finalità dell'ordinamento statale sono enunciati nelle disposizioni del Titolo Primo, Parte prima. Queste definiscono i tratti caratterizzanti della forma di Stato delineata dai costituenti, ovvero la natura democratica della repubblica (art. 1), la tutela dei diritti inviolabili dell'uomo (art. 2) e il principio di uguaglianza, sia formale che sostanziale (art. 3).

Particolarmente significativo è il dibattito che porta all'approvazione dell'articolo 2 che, come afferma Giorgio La Pira, costituisce «l'architrave della Costituzione» e nel quale si riconoscono e si garantiscono i diritti inviolabili dell'uomo, sia come singolo sia nelle formazioni sociali dove si sviluppa la sua personalità e si richiede l'adempimento di doveri di solidarietà politica, economica e sociale.

Esso racchiude così, in una efficace sintesi, tre principi caratterizzanti la forma di Stato che i costituenti pensano si debba realizzare in Italia, ovvero: il principio *personalista*, il principio del *pluralismo sociale* e quello di *solidarietà*.

I tre principi qui enucleati, pur affermando valori di per sé distinti, sono intimamente interconnessi, in quanto concorrono al riconoscimento e all'affermazione del primato della persona umana, quale fondamento primo e, al contempo, fine ultimo dell'ordinamento costituito, nella consapevolezza che – parafrasando Togliatti – si potrebbe anche dissentire nel definire la persona umana, ma si deve convenire nell'identificare il fine di un regime democratico nella garanzia del più ampio e più libero sviluppo della persona stessa[1].

In altri termini l'articolo 2 esprime una priorità di valore, sancendo

[1] P. Togliatti, Intervento del 9 settembre 1946, in *La Costituzione della Repubblica nei lavori preparatori dell'Assemblea Costituente*, Camera dei Deputati - Segretariato generale, Roma 1970 (d'ora in poi AC), VI, p. 322.

che «non l'uomo è in funzione dello Stato, ma quest'ultimo in funzione dell'uomo»[2], nel senso che suo fine è di assicurare lo sviluppo della persona umana e di garantirne i diritti.

Questa convergenza, raggiunta dai costituenti di diversa matrice politica e ideologica, si realizza a seguito di un dibattito non privo di contrasti e divergenze, che prende le mosse dalle due relazioni, profondamente diverse nell'ispirazione e nella visione dell'uomo, dell'onorevole La Pira e dell'onorevole Basso e dalla diversa impostazione che i due principali partiti assumono rispetto all'articolo in esame: i democristiani – portatori di una visione personalista e trascendente dei diritti, carica di riferimenti filosofici e valoriali – e le sinistre – portatrici di una visione storica e ugualitaria dei diritti, le quali mirano innanzitutto e pragmaticamente ad affermare valori comuni intimamente collegati alla comune lotta antifascista[3].

La convergenza delle diversi posizioni avviene intorno a tre punti che portano all'approvazione in sede di Sottocommissione di una prima formulazione condivisa (poi modificata nella forma in Assemblea) dell'articolo in esame. I tratti di comune accordo sono:

a. il riconoscimento della precedenza sostanziale della persona umana (intesa nella completezza dei suoi valori e dei suoi bisogni non solo materiali ma anche spirituali) rispetto allo Stato;

b. il riconoscimento della dimensione sociale della persona e del valore della solidarietà;

c. l'esistenza e l'anteriorità dei diritti fondamentali della persona e della comunità rispetto a ogni concessione da parte dello Stato.

Degna di rilievo è la formulazione con la quale si afferma la tutela dei diritti inviolabili: la repubblica non concede, ma *riconosce* i diritti, in quanto si parte da una concezione di anteriorità dell'uomo rispetto allo Stato, senza la quale non esisterebbe alcun principio di sussidiarietà e non si porrebbe dunque il problema di lasciare spazio al singolo di operare liberamente. Come è stato sostenuto in dottrina, il verbo «riconoscere» va inteso come contrario del termine *inventare* o *creare*, ma invece come frutto di un'opera di *scoperta* e di

---

[2] C. Mortati, *Istituzioni di diritto pubblico*, Cedam, Padova 1975, p. 155

[3] Seduta del 9 settembre 1946, in AC, VI, p. 322.

estrazione di elementi che sono interni alla trama costituzionale[4].

Accanto al riconoscimento dei diritti dell'uomo in quanto singolo, si afferma il riconoscimento dei diritti della comunità: «La persona è necessariamente membro di ognuna di queste comunità, e ne possiede lo *status*; la violazione dei diritti essenziali di queste comunità costituisce una violazione dei diritti essenziali della persona umana e indebolisce o addirittura rende illusorie quelle affermazioni di libertà, di autonomia e consistenza sociale che sono contenute nelle dichiarazioni dei diritti[5]» (Giorgio La Pira).

Nel dibattito che segue in Assemblea, anche al fine di smorzare i toni ideologici sottesi alla discussione, l'onorevole Moro chiarisce che con la formulazione dell'articolo 2 si intende «definire il volto del nuovo Stato», in quanto: «uno Stato non è veramente democratico se non è al servizio dell'uomo, se non ha come fine supremo la dignità, la libertà, l'autonomia della persona umana, se non è rispettoso di quelle formazioni sociali nelle quali la persona umana liberamente si svolge e nelle quali essa integra la propria personalità. [...] Quando noi parliamo di autonomia della persona umana, evidentemente non pensiamo alla persona isolata nel suo egoismo e chiusa nel suo mondo. Non intendiamo di attribuire a esse un'autonomia che rappresenti uno splendido isolamento. Vogliamo dei collegamenti, vogliamo che queste realtà convergano, pur nel reciproco rispetto, nella necessaria solidarietà sociale»[6].

Le comunità intermedie cui si riferisce il testo costituzionale assumono dunque una duplice valenza: da un lato «assicurano meglio le libertà dell'individuo accrescendone le possibilità d'azione» e dall'altro fanno sì che tutti i cittadini possano «partecipare più consapevolmente alla vita dello Stato in virtù dell'esperienza che l'individuo acquista in tali società»[7]. Nella categoria delle formazioni sociali sono ascritte tanto quelle presenti in Costituzione, come la famiglia, la scuola, le confessioni religiose, i partiti politici, le minoranze linguistiche, i sindacati, quanto tutte quelle formazioni nel tempo emerse dal tessuto della società civile (come le organizzazioni di vo-

[4] A. Baldassarre, Art. 2, p. 43; A. Ruggeri, «Nuovi diritti fondamentali e tecniche di positivizzazione», in *Studi in onore di Manlio Mazziotti Di Celso*, Cedam, Padova 1995, p. 631.
[5] G. La Pira, *I Sottocommissione, Relazione sui principi relativi ai rapporti civili.*
[6] A. Moro, Seduta del 13 marzo 1947, in AC, I, p. 372.
[7] A. Moro, Seduta del 24 marzo 1947, in AC I, p. 594.

lontariato, le imprese sociali, le Onlus, così come le organizzazioni non governative).

Nel riconoscimento del pluralismo sociale emerge dunque il fatto che la sussidiarietà costituisce una importante applicazione del principio personalista contenuto nell'articolo 2 e del riconoscimento del valore della persona umana all'interno dell'ordinamento.

Affermazione, questa, che continua a vivere nell'ordinamento, come ha sostenuto negli anni Novanta la Corte costituzionale, riconoscendo che «la persona è chiamata ad agire non per calcolo utilitaristico o per imposizione di un'autorità, ma per libera e spontanea espressione della profonda socialità che caratterizza la persona stessa. Si tratta di un principio che, comportando l'originaria connotazione dell'uomo *uti socius*, è posto dalla Costituzione tra i valori fondanti dell'ordinamento giuridico, tanto da essere solennemente riconosciuto e garantito, insieme ai diritti inviolabili dell'uomo, dall'articolo 2 della Carta costituzionale come base della convivenza sociale normativamente prefigurata dal Costituente»[8].

art. 2
La Repubblica riconosce e garantisce i diritti inviolabili dell'uomo, sia come singolo sia nelle formazioni sociali ove si svolge la sua personalità, e richiede l'adempimento dei doveri inderogabili di solidarietà politica, economica e sociale.

7. *L'articolo 33: un profilo ancora irrisolto*

L'articolo 33 della Costituzione denota un profilo non risolto. Impossibile non vedere in quei commi sofferti, pur nel riconoscimento del diritto di istituire scuole private, una preminenza offerta alla scuola statale, cosiddetta pubblica. E su questo c'è battaglia tra i costituenti e il problema diviene materia controversa per tutta la politica educativa della nuova repubblica.

Dal 19 settembre fino al 26 ottobre 1946 la terza e la prima Sotto-

[8] Corte Cost., sent. n. 75/1992.

commissione della Commissione per la Costituzione lavorano alla redazione dell'articolo 33 riguardante l'istruzione; fin da subito emerge la contrapposizione dei parlamentari del PCI e del PSIUP con gli esponenti della Democrazia Cristiana. I primi considerano fondamentale sancire la preminenza dello Stato nel campo dell'istruzione, fino a ipotizzare l'esistenza di uno «Stato educatore» (Concetto Marchesi), mentre i secondi sostengono la necessità di riconoscere l'importanza dell'opera educativa portata avanti da enti privati e di conseguenza si battono per l'effettiva parità di trattamento tra scuole statali e scuole non statali.

Lo Stato, a parere del democristiano Giuseppe Togni, ha a suo carico l'onere finanziario dell'educazione; ma questa educazione dovrà essere data secondo i desideri della famiglia. Non si può obbligare lo Stato a intervenire nell'educazione dei fanciulli, assumendo la figura del tutore, ma limitare il suo intervento a sussidi da erogare a istituti privati.

Il comunista Concetto Marchesi, latinista insigne e rettore dell'Università di Padova, considera invece lo Stato come «l'ordinatore supremo, non soltanto un partecipe della cultura e dell'istruzione del popolo» e più avanti aggiunge che «non può accettare l'affermazione in sede costituzionale che lo Stato provveda all'istruzione e all'educazione del popolo attraverso scuole proprie e scuole non proprie. Lo Stato può riconoscere l'utilità della scuola privata, ma non può riconoscerne la necessità, perché ciò facendo verrebbe a riconoscere la propria insufficienza a provvedere ai bisogni dell'educazione nazionale».

Nel Progetto di Costituzione elaborato dalla Commissione dei Settantacinque, si stabilisce che:

«L'arte e la scienza sono libere; e libero è il loro insegnamento».

La repubblica detta le norme generali sull'istruzione; organizza la scuola in tutti i suoi gradi mediante istituti statali; riconosce a enti e a privati la facoltà di formare scuole e istituti d'educazione.

In Assemblea plenaria, le prime sedute sono dedicate ad asserzioni di principio in cui ciascun partito espone la sua concezione di scuola.

Al solito si scontrano il blocco democristiano da un lato e quello socialista-comunista dall'altro. In questo caso, però, la posizione minoritaria liberale ha giocato un ruolo cruciale nell'inserire la locuzione «senza oneri per lo Stato», che poi si presterà a molte distorsioni.

Secondo i socialisti e i comunisti l'istruzione è un compito che spetta allo Stato, come documentano queste parole di Luigi Preti pronunciate il 17 aprile: «Per noi l'educazione è uno dei fondamentali compiti dello Stato, il quale ne è il principale responsabile, proprio perché nulla è possibile porre più in alto di quel 'promovimento del bene comune' che è il supremo fine dello Stato stesso». La scuola deve essere libera, ma cosa voglia dire questo è questione controversa. Per costoro libertà significa assenza dell'egida di un partito sulla scuola e soprattutto presenza di una molteplicità di concezioni all'interno dell'istituto. Ne risulta che la scuola veramente libera è solo quella di Stato, in quanto superiore e sintetica rispetto alle rappresentazioni della vita presenti nella società. Lo conferma Walter Binni, sempre il 17 aprile: «Di scuola libera si può parlare solo nella scuola di Stato, 'campo aperto a tutte le concezioni della vita, onde il dovere assoluto del rispetto incondizionato della libertà di coscienza'». Quindi la scuola sarebbe veramente libera in quanto neutra, tale attributo sarebbe indispensabile per la sana formazione del fanciullo. Questi, infatti, potrebbe essere leso nei suoi diritti dalle credenze dei genitori da cui è bene salvaguardarlo.

Al contrario, secondo gli esponenti della Democrazia Cristiana, il diritto-dovere di educare il fanciullo spetta ai genitori e non allo Stato: «E se i genitori hanno il diritto e il dovere di educare la prole, debbono essere liberi di scegliere la scuola ove mandare i loro figli», dichiara Giambattista Bosco Lucarelli il 17 aprile. In questo contesto, educare acquista un significato che le Sinistre non sembrano considerare: dare un valore alle cose, fornire all'educando un'ipotesi di senso. «Perciò resta ai genitori il diritto di scegliere la scuola cui affidare i loro figli, in modo che essa risponda al loro ideale educativo e alla loro concezione della vita; e compete allo Stato — che deve in questa loro opera tutelarli e aiutarli — il dovere di lasciare alla scuola la più ampia libertà di realizzare quell'ideale nei limiti, ben s'intende, dell'ordine e del bene comune»; così si esprime Gustavo Colonnetti il 18 aprile.

Altra conseguenza di questa concezione di educazione è che la scuola neutra non esiste né può esistere, come sottolinea Moro il 22 aprile: «Crediamo davvero che a un fanciullo si possa dare in pasto tutta la verità a un punto, crediamo davvero che egli in quella età possa essere chiamato a scegliere con discernimento critico quale è la sua verità, quella nella quale egli debba credere, quella che lo accompagni per tutta la vita?». Perciò il compito dello Stato è quello di supplire le carenze e vigilare sul corretto adempimento di questo compito educativo. A tale proposito Laura Bianchini il 21 aprile cita un passaggio dell'enciclica di Pio XI *Della cristiana educazione della Gioventù*: «Doppia è la funzione dell'autorità civile che risiede nello Stato: proteggere e promuovere».

L'assemblea plenaria non trova grandi ostacoli nel votare i primi due commi dell'articolo, ma la discussione si fa accesa quando si giunge a trattare delle scuole a gestione privata.

Diverse perplessità emergono tra gli esponenti dell'area laica in merito all'«equipollenza di trattamento scolastico» fra gli alunni delle istituzioni scolastiche a gestione pubblica e privata. In particolare, l'azionista Tristano Codignola si chiede se l'equipollenza si riferisce anche al trattamento economico, implicando con ciò che lo Stato debba erogare le rette scolastiche degli studenti delle istituzioni private.

A sua volta, il liberale Epicarmo Corbino nota: «Se dovesse nascere il dubbio che lo Stato a chiunque si presenti per voler fare una scuola privata abbia l'obbligo di metterlo in condizioni di costituire l'equipollenza con i giovani delle scuole pubbliche, noi creeremmo l'anarchia nella pubblica istruzione, perché non ci sarebbero più mezzi sufficienti per tener fronte alle necessità dello Stato per le proprie scuole e alle necessità di tutti i privati, di cui ciascuno si vorrebbe fare una scuola per conto proprio. Ecco perché io vorrei che si desse un'interpretazione autentica di questa disposizione che si va a votare».

Da questi interventi si comprende il motivo che porta alcuni rappresentanti dei partiti dell'area liberal-democratica e della sinistra social-comunista a richiedere l'inserimento del noto emendamento aggiuntivo «senza oneri per lo Stato».

La DC reagisce con decisione per bocca del futuro Presidente della Repubblica, Giovanni Gronchi: «Non comprendiamo molto questa preoccupazione così bruciante che hanno i colleghi presentatori dell'emendamento, perché non arriviamo a pensare utile, opportuno e necessario che non si crei alcun obbligo per lo Stato di venire in aiuto a enti e privati che intendono istituire scuole e istituti di educazione. Ma fo notare soprattutto ai colleghi, i quali sentono il valore delle scuole e degli istituti di educazione come strumenti di elevazione popolare, che è estremamente inopportuno precludere per via costituzionale allo Stato ogni possibilità di venire in aiuto a istituzioni le quali possono concorrere a finalità di così alta importanza sociale. Vi sono enti comunali e provinciali che non hanno niente a che fare con enti confessionali o religiosi, i quali hanno per compito o fra i loro primari compiti di istituire opere e istituti di educazione; e voi volete costituzionalmente impedire che lo Stato abbia la facoltà di integrare l'opera che questi enti possano compiere a vantaggio della collettività nazionale. A noi pare che collocare un tale divieto in un testo costituzionale sia troppo restrittivo e controproducente ai fini stessi della educazione che noi abbiamo posto come uno dei primi compiti per lo Stato. Siamo perciò contrari e voteremo in conseguenza».

Alcuni promotori dell'emendamento intervengono per spiegare la natura della modifica in modo da «tranquillizzare» i colleghi democristiani.

Tra questi, torna a prendere la parola il liberale Corbino: «Noi non diciamo che lo Stato non potrà mai intervenire a favore degli istituti privati; diciamo solo che nessun istituto privato potrà sorgere con il diritto di avere aiuti da parte dello Stato. È una cosa diversa: si tratta della facoltà di dare o di non dare».

A sua volta, Codignola precisa: «Con questa aggiunta, non è vero che si venga a impedire qualsiasi aiuto dello Stato a scuole confessionali: si stabilisce solo che non esiste un diritto costituzionale a chiedere tale aiuto. Questo è bene chiarirlo».

L'emendamento, cioè, precisa che lo Stato non è tenuto a intervenire, come avverrebbe nel caso in cui la Costituzione sancisse per le scuole a gestione privata un diritto a ricevere sussidi pubblici, ma non esclude affatto che lo Stato possa erogare dei finanziamenti, se gli organi competenti lo stabiliscono. Se ne dovrebbe desumere che, in base al dettato costituzionale interpretato alla luce delle intenzioni originali dei padri costituenti, non è legittimo definire «incostituzionale» un intervento pubblico a favore delle scuole a gestione privata.

L'emendamento viene approvato con 244 sì e 204 no: la DC, in questa occasione, viene sconfitta.

Le discussioni che seguono, nella votazione degli altri commi dell'articolo, non portano a significative modifiche e così si giunge all'approvazione del testo attualmente in vigore.

Dall'art. 33
L'arte e la scienza sono libere e libero ne è l'insegnamento.
La Repubblica detta le norme generali sull'istruzione ed istituisce scuole statali per tutti gli ordini e gradi.
Enti e privati hanno il diritto di istituire scuole ed istituti di educazione, senza oneri per lo Stato.
La legge, nel fissare i diritti e gli obblighi delle scuole non statali che chiedono la parità, deve assicurare ad esse piena libertà e ai loro alunni un trattamento scolastico equipollente a quello degli alunni di scuole statali.
È prescritto un esame di Stato per l'ammissione ai vari ordini e gradi di scuole o per la conclusione di essi e per l'abilitazione all'esercizio professionale. Le istituzioni di alta cultura, università ed accademie, hanno il diritto di darsi ordinamenti autonomi nei limiti stabiliti dalle leggi dello Stato.

8. *Il dibattito sull'articolo 38*

Anche l'articolo 38, relativo all'assistenza e alla previdenza sociale, è il frutto di un lungo dibattito in cui emergono posizioni contrastanti soprattutto sul primato dello Stato in sede di regolazione, organizzazione ed erogazione delle relative prestazioni e provvidenze.

Il tema viene affrontato inizialmente dalla prima e dalla terza sottocommissione. Nella prima, Togliatti propone di inserire in Costituzione non solo i diritti sociali dei lavoratori, ma anche nuovi «elementi programmatici» che traghettino l'Italia verso una «trasformazione economica socialista»[9]. Nella sua relazione sui *Principî dei rapporti sociali (economici)* inserisce, tra gli altri, i due articoli seguenti: «Ogni cittadino

[9] *Atti della Commissione per la Costituzione*, a cura del Segretariato Generale della Camera dei Deputati, vol. II: *Relazioni e proposte*, Roma 1947 (d'ora in poi *Atti Comm. Cost.*, II), p. 66.

ha diritto al lavoro e ha il dovere di svolgere un'attività socialmente utile. Chi è senza lavoro senza sua colpa è assistito dallo Stato. Allo scopo di garantire il diritto al lavoro di tutti i cittadini lo Stato interverrà per coordinare e dirigere l'attività produttiva dei singoli e di tutta la Nazione secondo un piano che dia il massimo rendimento per la collettività [...]. Il lavoro, nelle sue diverse forme, è protetto dallo Stato, il quale interverrà per assicurare l'esistenza degli invalidi e degli inabili. Tutti i cittadini hanno diritto all'assicurazione sociale. La legislazione sociale regola le assicurazioni contro gli infortuni, le malattie, la disoccupazione, l'invalidità e la vecchiaia»[10].

Il futuro segretario del Partito Liberale, Roberto Lucifero, si oppone a Togliatti e propone piuttosto una Costituzione «ridotta all'essenziale»[11], scevra da contenuti programmatici che, imposti dalla maggioranza del 1946, sotto la spinta della situazione contingente, possano diventare un obbligo inopportuno per i governi successivi. Anche altri esponenti dell'area liberal-democratica contestano le proposte avanzate dal *leader* comunista: secondo il segretario del Partito Democratico del Lavoro, Mario Cevolotto, «aderendo all'idea dell'intervento dello Stato per regolare *in toto* la produzione del Paese, si [sarebbe arrivati] a uno Stato totalitario»[12].

I democristiani presenti nella prima sottocommissione mostrano – come dice Dossetti – di «condividere in gran parte l'impostazione dell'onorevole Togliatti»[13] e accettano la sua proposta di stabilire un diritto sociale all'assistenza di cui lo Stato è chiamato a farsi carico nei confronti di alcune categorie di bisognosi. Altri democristiani sostengono invece la necessità di specificare che la soddisfazione dei diritti sociali non è compito esclusivo dell'amministrazione pubblica, ma può essere svolta anche dai sindacati, dalle mutue o da altri enti nati all'interno della società civile[14]. Il tema viene sollevato in particolare dai democristiani presenti nella terza sottocommissione, tra i quali Amintore Fanfani, il quale precisa che quando si parla di Stato ci si può riferire a quelle assicurazioni centralizzate le quali badano soltanto a costruire dei bei palazzi, ma che non fanno certo l'interesse dei lavoratori. Un sindacato o una

---

[10] *Atti Comm. Cost.*, II, p. 67.
[11] *Atti Comm. Cost.*, II, p. 68.
[12] AC, vol. VI, p. 486.
[13] AC, vol. VI, p. 512.
[14] AC, vol. VIII, p. 2095.

fabbrica potrebbero realizzare nel loro interno una forma di assicurazione assai più efficiente dell'odierna assicurazione burocratizzata[15].

Il dibattito sul ruolo dello Stato e della società civile in ambito assistenziale prosegue anche in assemblea plenaria. Infatti, diversi deputati democristiani, liberali e repubblicani intervengono per chiedere di modificare il terzo comma dell'articolo concordato dalle due sottocommissioni: «All'assistenza e alla previdenza provvedono istituti e organi predisposti e integrati dallo Stato»[16].

Corrado Terranova, un democristiano ex-militante del Partito Popolare, ritiene «'evidente' che con una siffatta affermazione tutta l'assistenza verrebbe statizzata, solo allo Stato incombendo insieme l'onore di predisporla e l'onere della spesa. Di tutte le altre forme di assistenza e beneficenza non si fa cenno [...]. È chiaro pertanto l'esplicito intendimento di abolire o, quanto meno, di lasciare fuori di ogni tutela le varie forme di assistenza privata e di beneficenza comunque alimentate da istituzioni non statali. Con l'ultimo comma di quest'articolo, non ci sarebbe più nemmeno l'ombra di autonomia per tali istituzioni [...]. Ma lo Stato non potrà affrontare tutte le forme di assistenza che i diversi bisogni umani determinano. Non lo potrà, perché non ne avrebbe gli organi e i mezzi; non lo dovrà neppure perché si sostituirebbe a quelle attività assistenziali, che la beneficenza privata svolge con tanto fervore e con così devoto sentimento di solidarietà umana»[17].

Terranova fa qui riferimento alla formula «predisposti *ed* integrati», di cui propone la sostituzione con «predisposti *od* integrati dallo Stato» al fine di rendere evidente il riferimento ad altri organi ed enti di assistenza, fuori dell'orbita dello Stato[18]. Inoltre, allo scopo non solo di tutelare ma di favorire questa «carità privata» che, secondo il democristiano, «eguaglia, nella sua portata materiale, l'assistenza legale», egli propone un emendamento sostitutivo del terzo comma:

---

[15] AC, vol. VIII, p. 2097.
[16] Il testo originario dell'articolo 34 del Progetto (rinumerato come articolo 38 nella versione finale della Costituzione) era il seguente: «Ogni cittadino inabile al lavoro e sprovvisto dei mezzi necessari alla vita ha diritto al mantenimento e all'assistenza sociale.
I lavoratori in ragione del lavoro che prestano, hanno diritto che siano loro assicurati mezzi adeguati per vivere in caso di infortunio, malattia, invalidità e vecchiaia, disoccupazione involontaria.
All'assistenza ed alla previdenza provvedono istituti ed organi predisposti e integrati dallo Stato».
[17] AC, vol. II, p. 1449.
[18] AC, vol. II, p. 1449.

«all'assistenza e alla previdenza provvedono istituti e organi predisposti o integrati dallo Stato, il quale, per altro, favorisce le sane iniziative della privata beneficenza»[19].

Su posizioni simili si colloca un altro esponente della DC, Enrico Medi, secondo il quale anche lo Stato organizzerà la sua opera fondamentale di assistenza e previdenza; e dall'altro verrà incontro a tutte quelle iniziative sane, corrette, oneste che cercano di raccogliere dalle mani di chi più ha quel bene in eccesso, quel *superest* che sia dato a coloro che ne abbiano meno[20].

La «carità privata» acquisisce dunque, nella formulazione proposta dai due democristiani, un ruolo centrale rispetto all'assistenza pubblica, mentre quest'ultima viene ad assumere una funzione sostanzialmente sussidiaria rispetto alla prima. A un criterio simile si ispira anche il repubblicano Oliviero Zuccarini, apertamente ostile a quelli che definisce «ammiratori fanatici della ingerenza dello Stato in tutte le faccende» e autore di un emendamento in cui sostiene la necessità di creare istituti decentrati, mantenuti con i contributi diretti dei lavoratori e governati dagli interessati[21].

La proposta di Terranova è accolta, almeno in parte, da un emendamento concordato tra alcuni esponenti dei tre principali partiti, nel quale si stabilisce che all'assistenza e alla previdenza debbano provvedere «organi e istituti predisposti *o* integrati dallo Stato», e soprattutto si chiarisce esplicitamente che «l'assistenza privata è libera»[22]. Illustrando quest'ultima modifica, il relatore Laconi (comunista) precisa che secondo lui «lo spirito dell'emendamento [è] quello di garantire le affermazioni contenute nei primi tre commi attraverso l'intervento dello Stato che ha il dovere di provvedere con i suoi enti, organi e istituti»[23].

Tale posizione viene poi ripresa dall'allora segretario della CGIL, Giuseppe Di Vittorio, il quale ribadisce che in campo assistenziale è necessario attuare «un concetto di Stato, perché il concetto di previdenza non può essere disgiunto dal concetto di solidarietà fra tutti i

---

[19] AC, vol. II, p. 1450.
[20] AC, vol. II, p. 1448.
[21] AC, vol. II, pp. 1586-1589.
[22] AC, vol. II, p. 1579.
[23] AC, vol. II, p. 1580.

lavoratori del Paese e a questa previdenza solidale in favore di tutti i lavoratori può provvedere solamente lo Stato»[24]. A sua volta, il socialista saragattiano Arrigo Cairo sostiene che «solamente l'organo pubblico deve e può, con le dovute garanzie, amministrare l'assistenza e la previdenza»[25].

Queste posizioni non determinano però il voto sull'emendamento, frutto dell'accordo tra gli esponenti dei partiti maggiori. L'emendamento infatti viene approvato[26] e inserito nel testo definitivo della Costituzione come articolo 38.

art. 38
Ogni cittadino inabile al lavoro e sprovvisto dei mezzi necessari per vivere ha diritto al mantenimento e all'assistenza sociale.
I lavoratori hanno diritto che siano preveduti ed assicurati mezzi adeguati alle loro esigenze di vita in caso di infortunio, malattia, invalidità e vecchiaia, disoccupazione involontaria.
Gli inabili ed i minorati hanno diritto all'educazione e all'avviamento professionale.
Ai compiti previsti in questo articolo provvedono organi ed istituti predisposti o integrati dallo Stato.
L'assistenza privata è libera.

9. *Sul filo del rasoio nella Costituzione economica: l'articolo 41*

Date le premesse ideologiche dei costituenti, uno dei punti più controversi è senz'altro l'articolo 41, il perno dei rapporti economici. La dizione finale dell'articolo 41 è la seguente: «L'iniziativa economica privata è libera. Non può svolgersi in contrasto con l'utilità sociale o in modo da recare danno alla sicurezza, alla libertà, alla dignità umana. La legge determina i programmi e i controlli opportuni

[24] AC, vol. II, p. 1600.
[25] AC, vol. II, p. 1434.
[26] AC, vol. II, p. 1601.

perché l'attività economica pubblica e privata possa essere coordinata e indirizzata a fini sociali».

Nella Commissione di settantacinque (in particolare nella terza sottocommissione), il dibattito si svolge tra il 26 luglio e il 29 ottobre 1946. Ad animare la discussione concorrono sia le dinamiche politiche interne e internazionali, sia le diverse «visioni» della realtà economica espresse dalle culture dei costituenti.

Il PCI, per voce di Antonio Pesenti, decide di riconoscere la «proprietà privata e l'iniziativa economica privata», ma sottolinea come non possano essere esercitate in contrasto con «l'utilità sociale» e «con le direttive e i programmi economici stabiliti dallo Stato». La Democrazia Cristiana accoglie, con gli interventi di Amintore Fanfani, il principio di una funzione sociale della produzione «al fine di temperare gli egoismi senza mortificarne l'impulso benefico al singolo e alla società, e al fine di coordinare e integrare le azioni individuali».

La DC si oppone, tuttavia, al disegno di assegnare allo Stato la gestione esclusiva dell'economia nazionale. Il democristiano Francesco Dominedò è convinto che la libertà di iniziativa economica sia un'esigenza essenziale per il Paese: «Se è vero che l'uomo sta al centro della vita associata, come causa prima e scopo ultimo, ne deriva che lo Stato, necessario tutore del diritto, non può di regola trasformare in assuntore dell'economia, se non in quanto l'iniziativa privata risulti inadeguata al fine o non rispondere all'interesse pubblico. Ma, sino a tale limite, ed entro queste rigorose condizioni, risponde a legge di natura porre come regola l'opera dell'uomo, fonte di energia e molla di progresso. Non si disconoscono in ciò gli aspetti corali della civiltà moderna, ma si rivendica alla personalità umana il diritto di protagonista della storia».

Alla fine si arriva a una formulazione condivisa, dopo un dibattito che precipita quasi nell'incomprensione, il 9 maggio 1947, con il cosiddetto «emendamento Montagnana», dal nome del comunista Mario Montagnana che lo propone. L'ex cognato di Togliatti chiede «la pianificazione del lavoro e di conseguenza quella dell'economia». È il passaggio più delicato e la discussione è durissima, perché si scontrano due linee culturali inconciliabili. Da una parte, democristiani, liberali e qualunquisti, dall'altra, comunisti e socialisti ne affermano la necessità storica. La votazione per appello nominale sancisce la vittoria della coalizione cristiano-liberale. È la svolta, dopo un braccio di forza, che permette un compromesso accettabile e funzionale al Paese.

art. 41
L'iniziativa economica privata è libera.
Non può svolgersi in contrasto con l'utilità sociale o in modo da recare danno alla sicurezza, alla libertà, alla dignità umana.
La legge determina i programmi e i controlli opportuni perché l'attività economica pubblica e privata possa essere indirizzata e coordinata a fini sociali.

10. *La sussidiarietà in versione verticale*

C'è infine un importante dibattito da ricordare all'interno dell'assemblea costituente. È quello relativo alla istituzione delle Regioni (che saranno attive dal 1970) e della dimensione politico-istituzionale da attribuire a esse per mitigare e correggere il rischio di una concentrazione statalista, già denunciata da Luigi Sturzo. È la battaglia per una sussidiarietà di carattere verticale. In tale confronto un ruolo centrale viene svolto da Gaspare Ambrosini, costituzionalista siciliano, deputato della Democrazia Cristiana e, in seguito, presidente della Corte costituzionale. Ambrosini è già stato coinvolto nei lavori preparatori dello Statuto ad autonomia speciale della Regione Siciliana. Poi coordina i lavori di stesura del progetto di ordinamento regionale. L'impegno del giurista siciliano è vissuto all'insegna di un profondo rapporto con Sturzo e favorisce in seguito la realizzazione di uno Stato meno accentrato.

Si può ora vedere dalle carte di Ambrosini relative al dibattito in Costituente (conservate presso la facoltà di Giurisprudenza dell'Università degli Studi di Palermo) la crescente esperienza istituzionale del regionalismo, dove si notano passione per il bene comune, tensione ideale ed educativa e protagonismo sociale diffuso per dare sostanza autentica a formule giuridiche e modelli istituzionali.

In conclusione, dalla comune partecipazione alla Costituente, nascono le basi della nuova Italia, tra contraddizioni, contrasti, questioni irrisolte, realismo e speranze.

Nel 1952, parlando dell'attuazione della carta costituzionale, De Gasperi dirà: «Andate adagio; chi ve l'ha detto che della Costituzione, costruita con tanta fatica e che dovrebbe valere per secoli (questa è almeno l'illusione umana) debba essere fatto tutto, applicato tutto entro quattro o cinque anni? Specialmente quando come adesso, noi siamo costretti, angosciati, eccitati, incalzati dai problemi della ricostruzione materiale ed economica della Nazione? [...] E allora la Costituzione bisogna che venga attuata; però *cum grano salis*, con l'esperienza a tempo e luogo [...]. Bisogna che le parti sostanziali siano permanenti, resistano alla critica e si protraggano innanzi al di là delle esperienze. Però ci sono degli istituti, degli organi soprattutto, i quali possono subire delle modificazioni [...]. Se la Costituzione nel suo complesso deve rimanere nelle sue fondamenta, deve essere un impegno, una garanzia d'ordine, di tranquilla dignità dello Stato, però bisogna anche ammettere che dei cambiamenti possono essere fatti. Per questo c'è il Parlamento, per questo c'è l'opinione pubblica e ci sono le campagne elettorali. [...] La Costituzione non è un semplice libro, un pezzo di carta; deve essere qualcosa di vivente. La Costituzione è vivente»[27].

[27] A. De Gasperi,«Combattiamo per essere liberi». Discorso pronunciato per il cinquantenario di azione politica, Predazzo (TN), 31 agosto 1952; in: A. De Gasperi, *Nel Partito popolare italiano e nella Democrazia cristiana*, Roma, Cinque Lune, 1990, Vol II, pp. 437-450.

PARTE QUARTA
Il boom economico

La ricostruzione

Gli effetti della guerra sull'Italia sono imponenti. L'economia è in ginocchio. Il livello della produzione industriale è un quarto di quello prebellico. I danni all'apparato produttivo sono stimati intorno ai 3.200 miliardi di lire concentrati maggiormente nelle zone meridionali del Paese. Si è perso il 40% del potenziale energetico e sono state distrutte l'80% delle linee elettriche; situazione più che drammatica per un Paese povero di materie prime. Alle distruzioni fisiche si aggiunge il problema dell'inflazione: dal 1943 i prezzi sono in fortissima ascesa (complessivamente si ha, tra il 1938 e il 1947, un aumento dei prezzi di 54 volte). Nel settore agricolo la produzione complessiva è calata del 62%.

Se l'economia è in ginocchio, la società non sta meglio: il 35% degli italiani vive in una casa definita affollata, il 38% non mangia carne, il 57% della popolazione che versa nelle condizioni appena descritte vive nel Mezzogiorno.

Le difficoltà sono dunque molto grandi, ma, a differenza di altri Paesi, in particolare della Germania e del Giappone, il sistema industriale italiano è stato danneggiato in misura limitata dagli eventi bellici. I danni maggiori sono al Sud, a causa del passaggio del fronte. Al Nord, dove si concentrano le aziende italiane, il patrimonio industriale ha subito danni limitati. Proprio per questo l'industria italiana, garantiti gli arrivi delle materie prime e ripristinato in parte il sistema dei trasporti, può tornare rapidamente a produrre, contribuendo alla ripresa economica europea.

Alla fine della guerra il continente è spartito in due sfere di influenza: una filo-occidentale, guidata dagli Stati Uniti, in cui è collocata l'Italia, e una soggetta al controllo sovietico. Il governo De Gasperi vuole partecipare al piano di ricostruzione europea ideato dagli Stati Uniti, più noto come Piano Marshall. Esso prevede uno stanziamento di poco più di 13 miliardi di dollari per un periodo di quattro anni. Il Piano Marshall fornisce all'Italia un ingente numero di risorse (materie prime, semilavorati, prodotti finiti, macchinari e tecnologia) a basso prezzo. L'Italia sfrutta pienamente il Piano Marshall, soprattutto inserendo negli impianti industriali esistenti macchinari nuovi con tecnologia avanzata, che aiutano la ricostruzione.

L'Italia del secondo dopoguerra reagisce alle difficoltà anche grazie a uno spirito di iniziativa che fa leva su un'impensabile capacità di innovazione e cambiamento. Emblema di questa rinascita dal basso è l'incredibile natalità di piccole e medie imprese, tanto rilevante da poter essere considerata una seconda industrializzazione. In questo contesto di sviluppo e cooperazione, l'impianto delle banche popolari, già presente sul territorio, si implica per favorire la nascita di una nuova imprenditorialità, di frequente sprovvista dei mezzi finanziari per sostenere la propria opera.

A tredici anni dalla fine della guerra, per l'Italia inizia un trend di crescita mai visto prima. Per dodici anni il PIL cresce con ritmi superiori al 5%. Con l'entrata in vigore dei trattati istitutivi della CEE lo sviluppo si fa ancora più intenso: tra il 1958 e il 1963 il PIL cresce annualmente del 7,5%. I consumi aumentano del 60%: è il segno più evidente che qualcosa sta cambiando. Agli anni della fame e della disoccupazione dell'immediato dopoguerra, seguono quelli della Vespa e della Cinquecento. L'autostrada del Sole diventa il nuovo simbolo dell'Italia che cambia. I settori trainanti di questa crescita sono quelli automobilistico, della meccanica leggera e degli elettrodomestici. Proprio questi sono i beni che cominciano a diffondersi nelle case degli italiani: l'automobile, la lavatrice e il frigorifero divengono lo *status symbol* del boom economico, tanto della piccola borghesia quanto degli operai.

Sono anche gli anni delle grandi migrazioni interne, in cui migliaia di lavoratori lasciano i paesi dell'entroterra meridionale per stabilirsi nelle periferie di Torino e Milano, per lavorare alla Fiat o alla Pirelli.

Nel 1954 iniziano le trasmissioni del primo canale della RAI Radiotelevisione Italiana: il televisore diventa il principale bene di consumo. In ogni più piccolo centro abitato arrivano *Lascia o raddoppia*, *Carosello* e *Campanile Sera*: tutta l'Italia si accorge che il Paese sta cambiando volto.

Il «miracolo economico» è un fenomeno eccezionale, che permette all'Italia, arretrata e tradizionalmente agricola, di entrare a metà degli anni Settanta nel G7.

I. IL BOOM ECONOMICO: NUMERI E CAUSE

1. *Dalla guerra alla ricostruzione*

I primi anni della repubblica sono caratterizzati da un deciso impegno, da parte del governo, a «normalizzare» la situazione politica, economica e sociale: i partiti antifascisti sono concordi nella volontà di ricostruzione e si muovono in un clima di parziale collaborazione che si esprime nei governi di unità nazionale, non completamente bloccati dalle contrapposizioni ideologiche. Per pacificare il Paese e ricostruire gli apparati amministrativi viene fermata l'epurazione voluta dal CLN e si programmano da subito le elezioni amministrative. I primi provvedimenti puntano a ricostruire la struttura dello Stato.

La posizione dell'Italia nel contesto internazionale è però difficile. Il Trattato di Parigi (1947) impone dure clausole al nostro Paese, cui è attribuita la responsabilità di aver provocato la guerra insieme alla Germania nazista. Ne derivano perdite territoriali (l'Istria) ed economiche (360 milioni di dollari di riparazioni). Il governo, guidato da Alcide De Gasperi, intende migliorare la posizione italiana nel consesso delle nazioni vincitrici. Alla conferenza di pace di Parigi, il 10 agosto 1946, De Gasperi difende la «vitalità» del popolo italiano e la sua volontà di pace e di cooperazione:

«Sento la responsabilità e il diritto di parlare anche come democratico antifascista, come rappresentante della nuova Repubblica che, armonizzando in sé le aspirazioni umanitarie di Giuseppe Mazzini, le concezioni universaliste del cristianesimo e le speranze internazionaliste dei lavoratori, è tutta rivolta verso quella pace duratura e ricostruttiva che voi cercate e verso quella cooperazione fra i popoli che avete il compito di stabilire».

De Gasperi assicura che l'Italia, liberatasi dal regime fascista, «sta facendo buoni progressi verso il ristabilimento di un governo e istituzioni democratiche».

«Il rapido crollo del fascismo – afferma – dimostrò esser vero quello che disse Churchill: 'Un uomo, un uomo solo ha voluto questa guerra', e quanto fosse profetica la parola di Stimson, allora ministro della Guerra americano: 'La resa significa un atto di sfida ai tedeschi che avrebbe cagionato al popolo italiano inevitabili sofferenze'».

Il clima di concordia nazionale è però alterato dall'inizio della guerra fredda. Nel 1947 l'adesione al Piano Marshall, e la scelta atlantica italiana portano all'uscita dal governo dei comunisti. L'esecutivo trova così una maggiore stabilità, che si mantiene sino alla fine della prima legislatura repubblicana, nel 1953. In questo periodo il contributo della politica all'inizio del boom economico è notevole. Viene decisa in Parlamento la partecipazione dell'Italia al Piano Marshall e sono approvate importanti riforme, come quella agraria e quella fiscale. È creata la Cassa del Mezzogiorno (1950), con lo scopo di sviluppare economicamente le zone più arretrate dell'Italia meridionale.

Gli effetti della guerra sul Paese sono imponenti: il territorio nazionale, dopo il 1943, è stato teatro dello scontro tra Alleati e nazisti e della guerra civile tra partigiani e fascisti. La situazione abitativa degli italiani è decisamente peggiorata, così come quella alimentare, con un abbassamento da 2.795 a 1.733 di calorie pro capite quotidiane. Il 7,5 % della popolazione vive in condizioni estremamente precarie. Visto il tradizionale dualismo del Paese, le miseria si concentra nelle regioni meridionali, ma le condizioni di vita sono pesanti anche in molte campagne del Centro-Nord e nelle grandi città. In qualche realtà del Mezzogiorno la casa dei contadini è una grotta, che la famiglia condivide con i suoi animali. Tra i vari settori produttivi il più compromesso è quello dei trasporti: la marina ha perso il 75% del tonnellaggio, sono stati danneggiati i due terzi delle linee ferroviarie e anche l'aeronautica ha subito ingenti perdite. L'inflazione è bloccata nel 1947 grazie alla politica attuata dal ministro del Bilancio Luigi Einaudi, che alza il tasso di sconto e impone un'energica restrizione del credito. L'operazione va a buon fine ma porta all'aumento della disoccupazione e alla caduta degli investimenti.

Eppure, nel breve volgere di due lustri, l'Italia cessa di basarsi su un'economia prevalentemente agricola e diventa definitivamente un grande Paese industriale. All'inizio degli anni Sessanta il 40% della forza lavoro è impiegato nel settore secondario. Agli anni della miseria seguono quelli di una progressiva prosperità. Nasce il primo turismo di massa, si diffonde la televisione.

Certo, sono anche gli anni in cui si accentuano le migrazioni interne. In tutte le regioni le aree agricole e quelle di montagna perdono popolazione. Dal momento che lo sviluppo finisce con il concentrarsi nel cosiddetto triangolo industriale, un numero crescente di lavoratori e di famiglie si sposta dalle regioni meridionali, ma anche dal Veneto, per raggiungere i maggiori centri industriali, come Milano e Torino, e i territori dove più intenso è lo sviluppo del settore secondario. La crescita dell'occupazione nel secondario porta a un primo forte incremento della domanda interna: la possibilità di sviluppo industriale non si lega più unicamente all'esportazione sui mercati esteri. Certo, i salari crescono molto lentamente a causa di una forte disoccupazione che viene lentamente riassorbita dal sistema produttivo; d'altro canto il basso costo del lavoro costituisce un forte vantaggio competitivo, che viene sfruttato dalle imprese per guadagnare posizioni sui ricchi mercati europei.

Ma quali sono le ragioni del cosiddetto «miracolo economico»? Si è trattato di un vero e proprio «miracolo», inspiegabile nelle sue cause e nelle sue dinamiche di sviluppo, o è possibile individuare i fattori che hanno contribuito a determinarlo? Una lettura macroeconomica induce a trovarne le cause in una positiva congiuntura economica e in una serie di fattori esogeni indiscutibili: la propensione al risparmio del popolo italiano, l'innesto nel tessuto industriale di nuovi apparati tecnologi arrivati con il Piano Marshall, il basso costo delle materie prime e del lavoro, l'apertura dei mercati internazionali, i processi di integrazione europea e un quadro politico che tranquillizza gli imprenditori. Questa spiegazione, però, non basta. Non c'è stata una sorta di valore aggiunto italiano? Come afferma De Gasperi alla conferenza di Parigi, nel «quadro di una pace generale e stabile», un «popolo lavoratore di 47 milioni è pronto ad associare la sua opera alla vostra per creare un mondo più giusto e più umano».

2. *La scelta atlantica*

A partire dal 1947 la contrapposizione tra i due blocchi dà inizio a una forte concorrenza tra le due superpotenze, gli Stati Uniti e la Russia sovietica, che non arriva allo scontro diretto, ma alimenta una «politica della tensione», finalizzata all'allargamento dell'egemonia territoriale, politica, economica e socio-culturale. È una guerra non combattuta, espressione di due modelli politici ed economici molto diversi, cui già nel 1947 due giornalisti americani del *New York Herald Tri-*

bune, Walter Lippman e Bernard Baruch, hanno dato il nome di «guerra fredda».

La scelta atlantica italiana è decisiva e si consolida nel giro di pochi anni. Ufficializzata dall'adesione al Patto Atlantico del 1949, è perseguita dal governo ed è stata sanzionata dagli italiani con le elezioni del 18 aprile 1948. Ci vuole però tutta l'abilità di De Gasperi per affrontare una situazione economica e sociale che è il frutto amaro della guerra e di vent'anni di fascismo, in un quadro di contrapposizione ideologica crescente.

Negli stessi anni, infatti, molto cambia nello scenario politico e sociale. Nell'area socialista si ha la scissione di Palazzo Barberini (1947), che porta l'ala riformista del PSI, guidata da Giuseppe Saragat, a staccarsi dal partito di Pietro Nenni e a fondare il PSLI, poi diventato PSDI. Il sindacato, inizialmente unitario, si divide per contrasti sul modello di sviluppo e per una diversa visione del rapporto tra organizzazione dei lavoratori e partito politico. Nell'aprile del 1950 è costituita la CISL, la UIL è nata nello stesso anno, in marzo. Si rompe così l'egemonia della sinistra comunista sul sindacato che, nonostante gli sforzi di autonomia di un leader sindacale come Giuseppe Di Vittorio, rendeva la CGIL una sorta di «cinghia di trasmissione» della linea del partito Comunista.

In tre anni si chiarisce la situazione politica italiana, con un quadripartito senza le sinistre socialista e comunista, una collocazione atlantica e una presa di distanza netta dal blocco sovietico, che intanto ha consolidato la sua zona di influenza con il colpo di Stato di Praga, con la logica ferrea del controllo di molti Paesi, come l'Ungheria e la Polonia, con la rinascita del Komintern, ora denominato Cominform, e con la creazione del Patto di Varsavia (1955).

3. *Non è solo scelta atlantica*

Il legame con gli Stati Uniti permette all'Italia di mettere le basi per la ricostruzione. In questa ottica si inserisce il Piano Marshall, denominato ufficialmente European recovery program (ERP). Marshall, segretario di Stato americano, afferma che l'Europa ha bisogno, almeno per 3-4 anni, di ingenti aiuti e che, senza di essi, la gran parte del continente andrebbe incontro a un grave deterioramento delle sue condizioni politiche, economiche e sociali. Il piano termina nel 1951, come originariamente previsto. I tentativi di prolungarlo per qualche tempo non hanno effetto a causa dello scoppio della guerra di Corea e della vittoria dei repubblicani nelle elezioni per il Congresso dell'anno precedente.

Per qualche tempo molti economisti statunitensi hanno giudicato negativamente l'impatto del Piano Marshall sull'economia europea. In realtà il piano consente al vecchio continente di superare un momento di indubbia crisi e favorisce una ripresa che già nel 1950 è evidente e che consente ai Paesi beneficiari di superare l'indice di produzione prebellico. I risultati sono senza dubbio positivi, anche dal punto di vista statunitense, perché rafforzano l'economia di mercato. In Europa si diffonde il modello economico americano e i suoi cardini tradizionali di libera impresa, spirito imprenditoriale, recupero di efficienza, esperienza tecnica e tutela della concorrenza. In questo senso il Piano Marshall non è solo un piano di aiuti, ma esercita un'importante influenza, prima ancora che economica, culturale. Permette inoltre l'introduzione di nuove tecnologie provenienti dagli Stati Uniti, che aiutano in modo determinante lo sviluppo del sistema produttivo italiano.

Il boom economico è favorito, oltre che dagli aiuti americani, da un costo del lavoro che cresce a livelli inferiori della produttività e da materie prime largamente disponibili a prezzi stabilmente bassi. Concorre allo sviluppo anche l'apertura dei mercati internazionali, che ha il suo culmine con i processi di integrazione europea. Gli imprenditori reinvestono largamente i loro profitti, sostenuti in questa scelta da un quadro politico che non desta troppe preoccupazioni, almeno fino al 1962. Occorre tuttavia non sottovalutare un carattere strutturale dell'economia italiana: la presenza della piccola e media impresa. Questa, in un contesto di diffuso benessere e di straordinaria crescita economica, si sviluppa notevolmente e in diversi casi aumenta di dimensioni, fino a trasformarsi in grande impresa. Altre volte le piccole e medie imprese, anche per via del tipo di prodotti che creano, mantengono le loro dimensioni originarie, ma si rivelano altrettanto floride e vincenti. Lo sviluppo delle imprese minori è favorito dalla possibilità di operare come subfornitori della grande impresa, in forte crescita in questi anni.

Dal boom economico emergono dunque personaggi e attività che testimoniano la presenza di un movimento dal basso, fatto di operai, artigiani, piccoli e grandi imprenditori, gente comune mossa dal desiderio di costruire, ognuno nel proprio campo, il bene comune, dando vita a imprese che crescono di dimensioni, si innovano, fanno ricerca e mettono le basi per un *network* collaborativo.

II. INNOVAZIONE E CAMBIAMENTO. LE PICCOLE E MEDIE IMPRESE

Negli anni del boom economico, l'incredibile natalità di piccole e medie imprese non può lasciare indifferente l'osservatore. Pur essendo da sempre una delle peculiarità del modello industriale italiano, le PMI in questo periodo sembrano ancor più rilevanti. Già in Commissione economica, durante l'Assemblea costituente, si è aperto un dibattito tra grandi industriali e politici, poi sviluppato negli anni Cinquanta, sul ruolo della piccola e media impresa all'interno del progetto di ricostruzione. Nel momento di rifondare la democrazia italiana, si ha dunque coscienza dell'importanza, per l'economia nazionale, di piccole realtà imprenditoriali, per le quali, a partire dal 1952, con la legge 949 del 25 luglio, sono previste forme di agevolazione creditizia.

La particolare natalità di PMI in questo periodo è testimoniata dai censimenti industriali del 1951 e del 1961. Nel 1951 viene rilevato che ben il 32% di imprese manifatturiere ha meno di dieci addetti. Nel censimento successivo le imprese fino a 100 addetti aumentano del 10%. Questi dati testimoniano sia la presenza costante di piccole realtà imprenditoriali, sia la loro crescita nel periodo del boom. Sono spesso operai specializzati, usciti da istituti tecnici capaci di fornire una solida preparazione, ad adeguarsi con sorprendente agilità alla nuova fase economica e a inventarsi imprenditori. È gente capace di inventare, ridisegnare, riprogettare in base ai bisogni della società del secondo dopoguerra. Molti di loro, anche grazie alle politiche favorevoli allo sviluppo industriale, vedranno crescere le loro imprese, che diventeranno veri e propri marchi del *made in Italy* nel mondo. Altre piccole imprese continuano a mantenere le dimensioni originarie; alcune faranno della qualità, dell'innovazione e della precisione le caratteristiche peculiari della piccola impresa italiana.

L'Italia del secondo dopoguerra mostra dunque la capacità di reagire alle difficoltà grazie allo spirito di iniziativa di molti italiani, che fa leva su una grande laboriosità, su uno straordinario spirito di sacrificio, su un forte senso della famiglia, che di fatto coincide con l'impresa economica, e su grandi capacità creative. In un contesto in cui gli attori principali sembrano alcune grandi imprese private e i due colossi pubblici (l'IRI e l'ENI), la genialità, l'iniziativa e il desiderio di ripartire di alcuni uomini, di origini modeste, spesso titolari o eredi di piccole iniziative, fanno sì che le piccole realtà imprenditoriali contribuiscano in maniera significativa alla ricostruzione del Paese. È uno straordinario fenomeno caratterizzato dalla capacità di intrapresa del singolo, difficilmente spiegabile solo attraverso la tutela che questi ambienti ottengono a livello politico e creditizio. Numerosi sono gli esempi di queste straordinarie iniziative: eccone alcuni.

1. *Operai che diventano imprenditori. La Bric's*

La Bric's è nata, come molte imprese italiane, da imprenditori che, una volta appreso il mestiere in altre fabbriche, hanno aperto una propria realtà produttiva. Il moltiplicarsi di queste storie, ognuna con una sua connotazione ben precisa e con un settore di riferimento ben definito, ha aiutato il delinearsi di quel fenomeno in cui piccole e medie imprese, in un contesto di *network* collaborativo, hanno dato vita ai celebri distretti industriali, che contraddistinguono la penisola. Questo spontaneo network ha reso possibile un forte spirito di collaborazione tra le diverse imprese: condivisione del *know how*, dei rapporti di fornitura, dei canali distributivi che hanno contribuito alla produzione di prodotti *made in Italy*, di altissima qualità, che ci hanno resi famosi nel mondo.

Quella di Mario Briccola, fondatore dell'omonima azienda, è la tipica storia di chi parte con poche risorse ma con tanto entusiasmo e soprattutto con idee chiare. Il padre di Mario è un muratore che tutti gli anni prende il treno dalla stazione di Como per andare a lavorare in Germania e da quel Paese manda il sostegno economico alla famiglia. Anche la madre fa i suoi sacrifici crescendo i quattro figli. Mario, già a quattordici anni, lavora in fabbrica a Varese, come valigiaio per una delle aziende più prestigiose della città: la ditta Ascoli. Il mestiere di Mario è il pellettiere, tipico lavoro della zona del Varesotto, molto diffuso e sostenuto dalla presenza di veri e propri maestri, con i relativi «segreti».

Nel 1948 Mario inizia una propria attività insieme al cugino Guerrino Tettamanti: è la prima esperienza in proprio, come produttore di valige. Nel 1952 per divergenze con il socio esce dalla società e fonda la sua impresa: l'Industria valigeria fine Mario Briccola, a Olgiate Comasco. Il nome lascia trapelare un progetto ambizioso: quello di realizzare un prodotto di qualità, nel momento in cui l'Italia pensa soprattutto al prezzo e ai grandi numeri.

Una foto racconta più di quanto possano fare mille parole. È stata scattata nel 1952. Ritrae Mario Briccola a Firenze, sotto la statua del Nettuno, con le valigie del campionario posate a terra. È l'inizio di una storia che ha ancora molto da raccontare. Ma è già diversa dalle vicende di altri, nati e cresciuti tra Como e Varese, che sanno fare bene le valigie ma non si sono mai posti l'obiettivo di venderle, se non ai grossisti. Mario Briccola ha capito che per crescere, più degli altri, bisogna girare per l'Italia e raggiungere i negozi delle città. Sa conquistarsi la fiducia degli istituti di credito e in particolare del Banco Lariano, che lo sostiene in questa prima fase, nella quale la ditta individuale Mario Briccola si specializza in un prodotto di qualità, «poco cartone fibrato e tanta pelle grana foca con fodere in tessuto scozzese».

Oggi la Bric's è diventata un'impresa internazionale, con *showroom* in tutto il mondo: Valigeria Fine Mario Briccola.

2. *Le invenzioni. Borghi e l'Ignis*

Raccontiamo la storia di un uomo, Giovanni Borghi, e della sua fabbrica, la Ignis, che è emblema del miracolo economico italiano, come testimonia Gianni Agnelli: «Giovanni Borghi è il simbolo della più felice stagione dell'imprenditoria italiana».

Nel 1943 la famiglia Borghi, allontanatasi da Milano per paura dei bombardamenti, inizia a sviluppare a Comerio, un paesino nella periferia di Varese, una piccola officina di fornelli a resistenza arroventata. L'Italia è però servita da una rete elettrica ormai vecchia e inefficiente, che non è certo in grado di sostenere una forte crescita dei consumi domestici di elettricità. Da qui la prima grande intuizione di Giovanni, che non si può capire se non in relazione all'opera di Mattei, il quale, con coraggio, ha fornito all'Italia grandi disponibilità di gas. Questo rende concretizzabile il lampo di genio: il gas in alternativa all'energia elettrica.

Borghi mette gli occhi sugli «imbottigliatori» e propone il *business*: «Vi do io i fornelli da vendere con le bombole. Guadagno io che mi procuro una domanda sicura, guadagnate voi che aggiungete valore al vostro servizio». A commento di tutto ciò, qualche anno più tardi il *Sunday Times* scrive: «Il più sorprendente miracolo individuale dell'industria italiana è stato probabilmente quello realizzato dal commendatore Giovanni Borghi: Mattei fornì il gas, Borghi costruì l'85 per cento dei fornelli».

Dai fornelli ai frigoriferi, l'origine del successo sta nel capire il bisogno degli italiani di avere a disposizione un prodotto economico, pratico e bello. I primi frigoriferi costruiti in Ignis, alimentati a motocompressore, sono ancora troppo grandi e poco capienti. Il salto di qualità viene fatto brevettando una nuova schiuma isolante che, utilizzata nelle giuste proporzioni, consente di costruire frigoriferi con lo stesso ingombro, ma con una capacità di conservare prodotti superiore del 25%. I prodotti Ignis entrano così in tutti i mercati europei e sbaragliano la concorrenza di tedeschi e francesi. La produzione arriva fino a dodicimila frigoriferi al giorno. All'inizio degli anni Sessanta, l'azienda si presenta con concessionarie in 86 nazioni; a quella data la Ignis contribuisce al 38% delle esportazioni italiane di elettrodomestici.

3. *Creatività, ingegno, design industriale. Il caso Piazza*

Il porzionatore gelato della Piazza, azienda del settore dei casalinghi nella zona del Cusio, nell'alto novarese, è un altro tipico caso di prodotto innovativo che nasce negli anni del boom economico. Creato dall'ingegno e dalla creatività di Gianni Piazza, questo prodotto è brevettato nel 1961 come il primo porzionatore per gelato in acciaio inossidabile al mondo. L'idea nasce dallo sviluppo di un prodotto in ottone nichelato apparso in America nel 1914, ripensato, riprogettato, costruito con acciaio inossidabile e brevettato. L'azienda era stata fondata nel 1880 a Loreglia, piccolo comune della Valle Strona, dai fratelli Giuseppe e Baldassarre Piazza, per produrre oggetti sacri in piombo. Trasferitasi a Crusinallo nel 1887, si era sviluppata tra le due guerre mondiali, producendo con Ferdinando Piazza articoli casalinghi in peltro e in ottone cromato.

La scelta di Gianni Piazza di utilizzare l'acciaio come materiale predominante per la costruzione dei prodotti provoca, all'interno della famiglia, uno scontro generazionale. Da una parte il padre Ferdinando, che vede grandi difficoltà e costi elevati nel mutare la produzione da materiali morbidi, come peltro e ottone, all'acciaio; dall'altra il figlio Gianni, che già capisce che la capacità di produrre un bene difficilmente imitabile può diventare un fattore vincente. È bene ricordare che sono gli anni in cui questo materiale è difficilmente reperibile e lavorabile. La complessità di progettare, produrre e assemblare 15 componenti in acciaio inossidabile per formare un unico prodotto di semplice utilizzo è elevata e rappresenta una scommessa per la tecnologia dell'epoca. La sfida è vinta grazie al fatto che Gianni Piazza, oltre ad avere la capacità imprenditoriale che caratterizza i grandi industriali dell'epoca, ha anche una preparazione tecnica che gli permette di guidare in prima persona la realizzazione delle attrezzature necessarie alla produzione dell'articolo.

Il grande sviluppo e il consolidamento si hanno con la terza generazione, guidata da Gianni, con il marchio Effepi 3 (Fratelli Piazza terza generazione). Il porzionatore è il prodotto più importante di questo marchio e rappresenta, per tutti i vent'anni della durata del brevetto, il reparto dell'azienda capace di garantire i migliori risultati. La Effepi 3 è ricercata e riconosciuta dai clienti per i suoi prodotti unici, inimitabili e di elevata facilità di utilizzo. Utilizzando lo straordinario veicolo della Fiera campionaria di Milano, sono presentate novità nate sempre dalla passione di Piazza. Alcuni aneddoti raccontano che, prima di presentare al pubblico una nuova invenzione, il prodotto era testato quasi in maniera maniacale nella cucina o sulla tavola di famiglia, al fine di eliminare eventuali problemi e difetti. Oltre a preparare e consumare per giorni la stessa pietanza, il signor Piazza, era solito disegnare durante la notte sul tavolo della cucina le prime bozze dei nuovi prodotti, scrivendo poi «non lavare il tavolo, primo disegno non ancora riportato su carta!».

È con questo stile e questa passione che l'Effepi 3 è diventata azienda leader nel settore dei casalinghi.

4. *Piccole imprese crescono.*
Il caso Ferrero, da pasticceria a impianto industriale

Oggi la Ferrero è una delle più importanti aziende europee del settore dolciario; ha stabilimenti in tutto il mondo e vende prodotti nei cinque continenti. La storia di questa azienda parte da Alba, piccola cittadina piemontese, dove non è difficile trovare le nocciole a basso costo. È così che Pietro Ferrero, nel 1946, apre un laboratorio per dolci in via Rattazzi. L'idea è geniale: produrre una pasta di nocciole chiamata pasta Gianduja, che richiama il celeberrimo cioccolatino torinese.

Ferrero comincia a produrne una piccola quantità per i negozianti della cittadina. Non appena si accorge del potenziale del suo nuovo prodotto, costruisce, insieme al fratello minore Giovanni, un impianto di maggiori dimensioni, perché la produzione artigianale non basta per rispondere alla domanda in forte crescita. Nasce così la Ferrero, che con il nuovo impianto industriale richiede un maggior numero di lavoratori e che non ricorre a una rete di distribuzione esterna, ma ne crea una aziendale, diretta da Giovanni. Subito intorno all'azienda si crea una comunità di lavoratori, tanto che nell'alluvione del 1949 gli operai si mettono all'opera per consentire una rapida riapertura dell'impianto produttivo.

L'azienda ben presto si lancia sui mercati internazionali, ha orizzonti ampi, tanto che già nel 1956 costruisce il primo impianto in Germania. In seguito apre siti produttivi in Francia, Olanda, Belgio, Svizzera, Danimarca e Inghilterra. L'anno decisivo è il 1964. La vecchia pasta Ganduja prende un nuovo nome, che ottiene un enorme successo: diventa la Nutella.

III. LE BANCHE DEI TERRITORI E IL RUOLO DELLA COOPERAZIONE DI CREDITO

1. *Il sostegno alla PMI*

A supporto delle nuove realtà che si stanno affermando sul territorio italiano opera un insieme variegato di istituti di credito. Tra questi, le banche cooperative hanno un ruolo molto importante nel sostegno all'imprenditoria locale, soprattutto alle imprese di piccola e media dimensione, che si vogliono affermare. Le banche popolari, le casse rurali e artigiane (le attuali banche di credito cooperativo) e le casse di risparmio, sono da decenni attive nelle diverse realtà. In questo contesto di particolare effervescenza imprenditoriale, si attivano per favorire il consolidamento delle esperienze che si affermano sul mercato, ma che, molto spesso, non hanno dotazioni patrimoniali e liquidità particolarmente consistenti.

Molte di queste realtà cooperative sono costituite dagli stessi artigiani e dai piccoli imprenditori agricoli, che necessitano degli strumenti finanziari per realizzare le loro idee. Come era accaduto tra Otto e Novecento, sono gli stessi operatori economici che si dotano o che rafforzano istituzioni economiche, che sappiano accompagnare e sostenere la loro attività. La società civile è così capace di arricchire i diversi territori di strutture che possono consolidare i processi di crescita.

«La via d'uscita da questa situazione può essere trovata dagli stessi artigiani, solo che vogliano avvalersi della forza dell'organizzazione cooperativistica, costituendo le casse rurali e artigiane di cui necessitano e non trascurando di partecipare attivamente alla loro vita con quell'entusiasmo, quello spirito di sacrificio e quella dedizione al bene comune che caratterizzò i promotori del movimento e sostiene l'appassionato lavoro di tanti animatori di cooperative, casse rurali e banche popolari»[1].

Dunque il tessuto delle banche cooperative, già presente da quasi un secolo nel Paese, si rafforza rimanendo fedele alla sua vocazione,

[1] P. Cafaro, *La solidarietà efficiente. Storia e prospettive del Credito Cooperativo in Italia (1883-2000)*, Laterza, Roma 2002.

vale a dire il credito attento al territorio. Spesso le banche popolari operano in un contesto regionale, mentre le casse rurali allargano la loro presenza a comuni confinanti. Rispondendo alle esigenze di finanziamento dei piccoli imprenditori e degli artigiani, consentono alle loro imprese di consolidarsi e di crescere; di fatto scommettono sulla capacità di iniziativa di questi nuovi protagonisti dell'economia italiana.

2. *La Banca Popolare di Milano*

Con la fine del conflitto la Banca Popolare di Milano riprende a operare come banca appartenente, a pieno titolo, alla categoria delle aziende di credito che sin dalla loro nascita si sono caratterizzate per la profonda integrazione con il territorio e con le comunità locali. I soci raggiungono le 30.000 unità.

Nel settembre del 1945 la banca invia una lettera al Ministero del Tesoro per ottenere l'autorizzazione a creare una sezione di credito edilizio, il cui obiettivo dovrebbe essere il finanziamento delle opere di costruzione, ricostruzione, trasformazione e ampliamento delle abitazioni della città di Milano. Il Tesoro risponde positivamente, perché il progetto «facilita il sorgere di private iniziative che affianchino l'azione statale, di necessità limitata, [e] appare quanto mai utile ai singoli e alla collettività, specialmente nel settore edilizio». La Banca d'Italia, però, non concorda e la domanda viene respinta.

Cambiamento determinante per l'istituto è la politica di espansione degli sportelli. Sono programmate nuove aperture nelle località dove la struttura dell'economia corrisponde alla natura e alla vocazione della banca, caratterizzata dalla scelta preferenziale per il credito alle imprese industriali e commerciali di medie e piccole dimensioni. La crescita della clientela induce a estendere l'azione dell'istituto anche al di fuori della provincia di Milano. All'inizio degli anni Cinquanta la Banca Popolare di Milano registra una crescita dei depositi con ritmi superiori alla media nazionale. Si crea così una situazione di ampia liquidità. La politica di espansione prevede l'insediamento nelle province di Como, Pavia, Varese dove operano piccole aziende artigiane che, in quelle zone, rappresentano di regola la maggioranza delle imprese. L'idea è quella di irrobustire la propria vocazione di banca locale attenta alle esigenze delle piccole e medie imprese.

La Banca d'Italia, tuttavia, blocca l'azione dell'istituto di credito milanese. Esiste infatti un accordo tra gli istituti, gestito dalla Banca d'Italia, per garantire una sorta di monopolio alle banche che già operano in un territorio. Di fatto la Banca d'Italia impedisce una piena concorrenza tra gli istituti di credito, per evitarne la crisi e per garantire gli interessi locali. Dunque, non tutte le autorizzazioni richieste dalla Banca Popolare sono accettate. Ciò comporta una minore possibilità di sfruttare pienamente le opportunità offerte dal sistema economico in crescita.

In ogni caso, tra il 1950 e 1960 la Banca Popolare di Milano amplia la sua dimensione in termini di sportelli, dirigendosi prevalentemente al di fuori del Comune di Milano. Con l'intensificarsi dello sviluppo economico e con la crescita dei redditi disponibili nei centri in cui la Banca opera, aumenta anche la raccolta. In questa situazione la Popolare continua la politica di apertura di nuove filiali e, per utilizzare al meglio l'ampia liquidità, partecipa a istituti creditizi, come Centrobanca e il Mediocredito lombardo, che possono operare anche nel credito a medio e lungo termine a favore delle imprese industriali, in particolare delle iniziative di piccola e media dimensione.

Contemporaneamente l'istituto di credito milanese aumenta la sua capacità operativa all'estero, offrendo un contributo alla crescita delle industrie lombarde, che proprio in questi anni stanno conseguendo brillanti risultati sulle principali piazze europee.

IV. IL SETTORE PUBBLICO E LA COOPERAZIONE TRA PUBBLICO E PRIVATO

1. *L'IRI*

La crescita industriale italiana degli anni Cinquanta è sicuramente favorita anche dallo Stato, sia direttamente, sia indirettamente. Un ruolo decisivo è svolto dall'IRI. L'Istituto per la Ricostruzione Industriale era stato creato nel 1933 come ente provvisorio per evitare il fallimento delle principali banche d'affari del tempo, le tre grandi banche miste, la Commerciale, il Credito Italiano e il Banco di Roma, che detenevano una quota rilevante del capitale azionario delle società industriali italiane. Salvate le banche, che sarebbero diventate proprietà dello stesso IRI, l'istituto nel 1937 era stato trasformato in ente permanente. A quella data controllava imprese che assommavano al 44% del capitale azionario totale italiano e detenevano posizioni assolutamente rilevanti, talvolta dominanti, in numerosi settori strategici (siderurgia, costruzioni navali, produzione di armamenti, gestione di linee di navigazione, servizi telefonici).

Durante gli anni del boom economico l'IRI è stato fondamentale per lo sviluppo. Ha concorso alla crescita economica in modo attivo ed efficiente, fondando la società Finmeccanica (1948) e favorendo lo sviluppo dell'industria elettrica, della rete autostradale, dei servizi telefonici e delle comunicazioni marittime e aeree. Proprietario di imprese come la SIP, l'Alitalia, la società Autostrade, nella prima metà degli anni Sessanta l'IRI è uno dei più grandi gruppi europei, terzo in Italia (dopo Fiat ed Edison) per utili netti. Gode di una situazione finanziaria solida al punto da auto-finanziarsi, vantando 100.000 dipendenti e un fatturato 2000 miliardi.

2. *Le infrastrutture. L'autostrada del Sole*

Dopo la guerra l'automobile, simbolo di velocità e dinamismo, diviene ben presto l'emblema della volontà di ricostruire. Le strade italiane sono in realtà malmesse, soprattutto nel Meridione. Tuttavia tra il 1945 e il 1955 il numero degli autoveicoli si moltiplica di ben otto volte. Lambrette e Vespe motorizzano le famiglie italiane. In questo contesto di profondo cambiamento delle forme della mobilità, è importante la decisione dello Stato di dotare il Paese di una rete autostradale efficiente. L'autostrada del Sole è voluta dal governo, che vi scorge uno strumento utilissimo per il consolidamento dei processi di crescita dell'economia nazionale. Prima della sua costruzione, infatti, i mezzi commerciali, per andare da Napoli a Milano, impiegavano circa due giorni di viaggio. Un'arteria di veloce scorrimento avrebbe accorciato i tempi di collegamento e, quindi, abbassato i prezzi delle merci. Notevoli i vantaggi derivati dal minore consumo di carburanti, guadagno in termini di tempo, miglioramento della sicurezza e creazione di nuovi posti di lavoro. La costruzione di un'autostrada che colleghi il Paese da nord a sud è voluta anche da quattro giganti dell'industria italiana, FIAT, Pirelli, AGIP e Italcementi.

Non sono da trascurare le istanze che vengono dal basso, da una popolazione che vede nella nuova arteria una grande occasione, anche se, come sempre, sono pochi coloro che sono disposti ad accettare gli oneri di un'opera così complessa e invasiva. Significativo il commento di Francesco Jelmoni, primo progettista dell'autostrada del Sole:

«A misura che si andava delineando l'andamento generale del tracciato, sorgevano ognor nuove iniziative lungo la penisola perché l'autostrada si conformasse a soddisfare questo o quell'interesse locale. In ogni luogo si voleva che questa passasse vicino: però, beninteso, sul terreno del vicino, senza che avesse a invadere il proprio».

La «legge Romiti» del 1955 dà il via alla costruzione, per un ammontare complessivo di investimenti pari a 100 miliardi.

Nel 1950 era stata costituita dall'IRI la Società Autostrade Concessioni e Costruzioni S.p.a., con l'obiettivo di partecipare, insieme ad altri grandi gruppi industriali, alla ricostruzione postbellica. Sei anni più tardi è firmata la prima convenzione tra ANAS e Società Autostrade: quest'ultima si impegna a co-finanziare, costruire e gestire l'autostrada del Sole tra Milano e Napoli.

Dal punto di vista tecnologico la costruzione di questa autostrada è innovativa: nel 1956 Fedele Cova, presidente della Cementir, intraprende un viaggio in America, per studiarne le moderne autostrade, in Italia ancora sconosciute. Anche se i progetti relativi alla realizzazione della dorsale Milano-Napoli non sono ancora definitivi, il 19 maggio 1956 il Presidente della Repubblica Giovanni Gronchi dà il via ai lavori, inaugurando il cantiere di San Donato Milanese. Il 24 dicembre 1959 è inaugurata la prima importante tratta da Milano a Bologna.

Inizia ora la tratta più complicata: il passaggio sull'Appennino, tra Bologna e Firenze. Per costruire il prima possibile il tratto appenninico si reclutano abitanti della zona: i paesi si svuotano, perché gli uomini vivono nelle baracche, ai margini dei cantieri. La costruzione del viadotto sul torrente Aglio, con i suoi 80 metri di altezza, è una grande scommessa per i costruttori italiani. A questo proposito, nelle sue memorie, Fedele Cova confesserà: «Nei primi anni mi capitava di svegliarmi la notte in preda all'incubo che uno dei miei viadotti fosse crollato!».

Il primo dicembre 1960 tutto è pronto: è inaugurata la tratta Bologna-Firenze. Il Presidente del Consiglio Amintore Fanfani è il primo a percorrerla. Così uno *speaker* del tempo:

> «Sono 85 chilometri e ogni chilometro meriterebbe una inaugurazione a parte; imponente il succedersi di viadotti, gallerie, ponti stupendi, dalle linee coraggiosissime. In 45 minuti qualsiasi automobilista può trasferirsi dal capoluogo toscano alla ridente Bologna, passando a quota 700 metri sull'Appennino senza nemmeno accorgersene. I ponti e le perfette gallerie sono più di 200!».

Il 22 settembre 1962 è completato anche il tratto tra Roma e Napoli. Nell'ottobre del 1964 l'intera opera è ultimata, con tre mesi di anticipo sul previsto. È costata 270 miliardi e collega, con un nastro di asfalto lungo 755 km, Milano e Napoli. «Renderà l'Italia più corta», si dice durante la cerimonia di apertura cui intervengono il Presidente del Consiglio Aldo Moro, il ministro per i Lavori pubblici Giacomo Mancini e quello delle Partecipazioni statali, Giorgio Bo.

L'A1 rappresenta il più grande progetto infrastrutturale dell'Italia postbellica e porta numerosi vantaggi all'economia nazionale, in tutti i settori. Senza un'infrastruttura viaria adeguata, il sistema produttivo italiano non avrebbe potuto crescere così velocemente: sarebbe stato molto più difficile, per le imprese, approvvigionarsi e collocare le proprie merci sui diversi mercati. La costruzione dell'autostrada del Sole è un buon esempio di collaborazione positiva tra istituzioni: lo Stato assolve al suo compito creando le infrastrutture di base e le imprese producono i beni (automobili, benzina) e forniscono i servizi per utilizzare al meglio la rete.

3. *Indipendenza energetica e bassi costi per le imprese italiane. L'ENI di Enrico Mattei*

Enrico Mattei nasce il 29 aprile 1906 ad Acqualagna, in provincia di Pesaro. È un imprenditore e un grande manager pubblico. Nel 1944 entra a far parte del CLNAI in rappresentanza dei partigiani cattolici. Il 28 aprile 1945 è nominato commissario dell'AGIP, con l'incarico di liquidare le attività di questo ente, nato in epoca fascista per favorire le ricerche di idrocarburi in Italia e il reperimento di risorse energetiche nei paesi ricchi di giacimenti di petrolio.

L'ente, che si muove al di fuori del monopolio energetico delle «Sette Sorelle» ma che, tra le due guerre, non ha raggiunto grandi risultati – salvo una discreta capacità di raffinazione sul mercato interno – dovrebbe essere chiuso, anche per rispondere alle pressioni delle compagnie nordamericane. L'Italia, dal punto di vista energetico, dipende dall'estero; anche i piccoli giacimenti di petrolio esistenti sono gestiti da gruppi estrattivi stranieri. Il 15 luglio 1946 il ministro del Tesoro Soleri invia al ministro dell'Industria Gronchi una lettera con la quale si fanno forti pressioni per chiudere tempestivamente l'AGIP: occorre contribuire al risanamento del bilancio dello Stato, caratterizzato da un pesante deficit. Gronchi gira a Mattei l'istanza, chiedendogli una relazione preventiva a qualsiasi decisione.

Mattei si rende invece conto, anche grazie alle indicazioni che giungono dai tecnici dell'azienda, che l'AGIP ha grandi potenzialità. In particolare l'ente può dedicarsi, con vantaggio per i suoi bilanci e per l'economia nazionale, allo sfruttamento dei giacimenti di metano presenti in Val Padana, anche perché gode dell'esclusiva nella ricerca e nello sfruttamento di queste risorse. Mattei blocca le operazioni di liquidazione, recupera capitali e, nel 1948, consegue il suo primo successo con la scoperta e la valorizzazione di un giacimento di gas a Ripalta, nel Cremasco. Seguono, fino al 1952, ritrovamenti di metano in tutta la pianura Padana, tanto che il governo dà il via libera alla costruzione di nuove linee di metanodotti. Nel 1952 si scopre un giacimento di petrolio a Cortemaggiore, nel Piacentino, che si rivela però modesto. I ritrovamenti di gas metano, che non hanno una grande eco sulla stampa, risultano in realtà più interessanti per il gruppo: l'estrazione raggiunge livelli inaspettati. Si arriva così al 1953, anno di fondazione dell'ENI (Ente Nazionale Idrocarburi), un nuovo ente pubblico, che ingloba l'AGIP e che viene istituito con il compito di curare l'approvvigionamento energetico del Paese, attraverso l'estrazione e la raffinazione del petrolio e la distribuzione dei carburanti liquidi e del gas metano. Anche il settore delle automobili sta crescendo a livelli mai visti. Il fabbisogno di petrolio aumenta di pari passo e si rende necessario l'impegno dell'ENI per garantire le risorse essenziali al Paese.

Mattei è un personaggio controverso, sul quale i giudizi degli studiosi non sono unanimi. Per raggiungere gli obiettivi che si è prefissato, opera con spregiudicatezza. Sicuramente ha grandi meriti, sa pensare in grande, fatto raro in Italia. Soprattutto, ha capito che per il Paese energia abbondante e a basso costo significa la possibilità di realizzare una completa modernizzazione del sistema economico. Allo stesso tempo è convinto che un grande Paese industriale debba avere grandi imprese nazionali che operino nel settore petrolifero. In una realtà come quella italiana, dove il privato non può gareggiare con le grandi multinazionali, è necessario l'intervento dell'operatore pubblico. «Ho lottato contro l'idea fissa che esisteva nel mio Paese. Che l'Italia fosse condannata a essere povera per mancanza di fonti energetiche», dice Mattei. Nel 1961, in un discorso fatto agli allievi della Scuola superiore degli idrocarburi, afferma:

«Io proprio vorrei che gli uomini responsabili della cultura e dell'insegnamento ricordassero che noi italiani dobbiamo toglierci di dosso questo complesso d'inferiorità che ci avevano insegnato: gli italiani sono bravi letterati, bravi poeti, bravi cantanti, bravi suonatori di chitarra, brava gente, ma non hanno la capacità della grande organizzazione industriale. Tutto ciò è falso e noi ne siamo un esempio [...]. Abbiamo creato scuole aziendali per ingegneri, per specialisti, per operai, per tutti e dappertutto con sforzo continuo».

L'esperienza di Mattei all'AGIP può essere considerata simbolo dello spirito di iniziativa italiano, non ultima causa della veloce ricostruzione postbellica. Il caso dell'AGIP dimostra che, in questa fase, lo Stato, operando nei settori in cui i privati non possono esprimersi, assolve bene ai suoi compiti e crea le condizioni utili perché gli altri soggetti possano raggiungere meglio i loro risultati. Non è uno Stato che invade la società, ma lavora a favore di uno sviluppo complessivo, arrivando a incrinare posizioni di monopolio.

V. *WELFARE* SOCIALE

1. Welfare *sociale o paternalismo?*

Dal secondo Ottocento, grazie alla sensibilità di molti industriali italiani, si diffondono nel Paese opere sociali a favore dei dipendenti e delle loro famiglie. È una forma di sussidiarietà orizzontale che, a partire dal villaggio operaio di Crespi d'Adda, ha trovato una costante applicazione presso le imprese industriali; una sussidiarietà troppo facilmente liquidata con l'uso spregiativo del termine «paternalismo». Realizzare queste opere, in realtà, significa costruire legami oggettivi di reciproca convenienza che collegano proprietà, impresa e dipendenti.

Nel Novecento le grandi imprese organizzano opere sociali attraverso particolari articolazioni della struttura aziendale. Le piccole e medie imprese non giungono sino a questo punto, ma mantengono una consuetudine assistenziale che interviene nelle circostanze più importanti della vita dei lavoratori, ad esempio con premi concessi per le nozze e per la nascita di figli e con l'aiuto economico alle famiglie nel caso di infortunio o di prematura scomparsa del dipendente.

2. *Il* welfare *sociale della Olivetti*

L'Olivetti è celebre per il gran numero di opere sociali organizzate nel ramo aziendale Servizi Sociali. Come sostiene un dirigente, realizza «molte cose che altrove, in quel momento nessuno si sognava». Secondo un altro, c'era addirittura «il rischio che le esigenze della produzione passassero in secondo piano». Il criterio ispiratore è che la gente sia, «se non felice, almeno soddisfatta il più possibile»[2]. Questi servizi spaziano dalle mense aziendali, alle mutue integrative, agli asili nido, all'affitto o vendita di case d'abitazione a condizioni vantaggiose, ai servizi medici e di trasporto per i dipendenti, alle colonie estive marine e montane per i loro figli, alla consulenza fornita da as-

[2] F. Novara - R. Rozzi - F. Garruccio, *Uomini e lavoro alla Olivetti*, Milano, Mondadori, 2005, pp. 90-91 e 104.

sistenti sociali, all'organizzazione di iniziative per il tempo libero e per la crescita culturale dei lavoratori (conferenze, biblioteche, gruppi sportivi ed escursionistici di fabbrica), sino alla formazione professionale attraverso la scuola interna denominata Centro formazione meccanici.

L'articolato sistema dei servizi sociali della Olivetti raggiunge la maggiore estensione tra gli anni Cinquanta e Settanta, ma le sue basi sono più antiche e sono da ricercare nello spirito e nella cultura del fondatore Camillo Olivetti e del figlio Adriano. Fino agli anni Trenta, i servizi sociali in genere si configurano come misure assistenziali decise dalla Direzione per venire in aiuto del singolo operaio in situazione di difficoltà. Con Adriano Olivetti il sistema delle provvidenze assume una forma organica, caratterizzata da una forte attenzione alla persona e dalla costante ricerca della qualità e dell'efficienza. Diventa anzi un diritto per il lavoratore.

All'affermazione di questa concezione contribuisce in modo significativo il Consiglio di gestione, istituito nel 1948 e rimasto pienamente attivo fino al 1971. Il Consiglio è un organo interno ma autonomo, di cui fanno parte rappresentanti dell'azienda e dei dipendenti. Ha potere consultivo in materia di organizzazione del lavoro, pianificazione degli impianti industriali, programmazione della produzione, miglioramento delle condizioni di vita dei lavoratori dentro e fuori la fabbrica e ha parere vincolante per quanto riguarda la ripartizione delle risorse destinate dalla Direzione ai servizi sociali e di assistenza.

I servizi sociali della Olivetti si differenziano da analoghe esperienze di grandi industrie italiane del tempo non solo per la vastità (coprono e assicurano tutto l'arco di vita del dipendente e dei suoi familiari), ma soprattutto per la qualità, l'indipendenza di gestione dall'azienda e l'apertura verso la comunità locale. L'inizio della Carta assistenziale, redatta tra il 1949 e il 1950 dal Consiglio di gestione, sottolinea un aspetto fondamentale:

«Il servizio sociale ha una funzione di solidarietà. Ogni lavoratore dell'Azienda contribuisce con il proprio lavoro alla vita dell'Azienda medesima [...] e potrà pertanto accedere all'istituto assistenziale e richiedere i relativi benefici senza che questi possano assumere l'aspetto di una concessione a carattere personale nei suoi riguardi».

Dunque, in Olivetti i servizi sociali non sono intesi come elargizione paternalistica del padrone, ma rientrano in una visione di responsabilità sociale dell'azienda. L'impresa è uno dei principali fattori di mutamento del tessuto sociale e quindi deve contribuire alla ricerca di una migliore qualità della vita individuale e collettiva.

Alla filosofia che ispira questa visione non è però estranea l'idea che un ampio sistema di assistenza sociale contribuisca a migliorare il rendimento, la produttività e il coinvolgimento dei lavoratori. I dipendenti sanno che il loro futuro e quello delle loro famiglie è protetto e assicurato. In altri termini, la creazione di un ambiente sociale positivo rafforza la fedeltà del lavoratore e la sua disponibilità a collaborare attivamente allo sviluppo dell'impresa.

I servizi sociali della Olivetti non mirano a sostituirsi al sistema pubblico, ma sono un chiaro esempio di sussidiarietà orizzontale. Nel periodo di maggiore sviluppo, sono distribuiti in fitta trama sul territorio, non solo vicino alla fabbrica, e alcuni di essi sono aperti a tutta la popolazione. Si possono individuare sei principali aree di intervento:

Assistenza maternità e infanzia: oltre a servizi tradizionali, come asili e colonie estive, la Olivetti offre alle dipendenti, durante la maternità, una propria assistenza sanitaria e un vantaggioso trattamento salariale (astensione dal lavoro per 9 mesi e mezzo, all'80% del salario);

Assistenza sanitaria: coordinata dall'ambulatorio generale, ha una copertura molto vasta. Oltre all'assistenza in fabbrica per gli infortuni, l'ambulatorio svolge attività di prevenzione delle malattie professionali e di profilassi per le famiglie, agendo sia attraverso i propri medici, sia indirizzando all'esterno. Un Fondo di solidarietà interna, costituito nel 1960 e alimentato dai contributi dei lavoratori e dell'azienda, integra le prestazioni sanitarie a quel tempo fornite dagli enti pubblici;

Assistenza sociale: un aspetto importante dei servizi Olivetti è la presenza di assistenti sociali in fabbrica. Il servizio, ripreso da esperienze milanesi e voluto da Adriano Olivetti, seppur collegato all'Ufficio personale, agisce con autonomia, intervenendo sia nei confronti dei singoli lavoratori (ambientamento di nuovi assunti, difficoltà di tipo economico-sociale, disadattamento al lavoro), sia a livello collettivo, rilevando le condizioni di lavoro e collaborando per migliorare l'organizzazione della fabbrica.

Istruzione professionale: per rispondere alla necessità di formare personale specializzato, la Olivetti gestisce una scuola organizzata in vari livelli, con un Centro formazione meccanici, un corso per disegnatori, corsi serali, un Istituto tecnico. La scuola è aperta tramite selezione a tutta la popolazione e fornisce borse di studio per i dipendenti Olivetti;

Servizi culturali: gestiti dal Centro culturale, mirano a procurare un insieme organico di strumenti di studio, informazione e ricreazione tramite la biblioteca di fabbrica (61.000 volumi e 3.000 periodici nel 1961 a Ivrea), manifestazioni culturali (dibattiti con specialisti di fama su temi di attualità, rassegne d'arte, proiezioni cinematografiche), corsi popolari, studi e pubblicazioni. Negli anni Cinquanta e Sessanta le conferenze, i concerti e gli spettacoli si svolgono nei pressi della fabbrica anche durante le due ore di intervallo per il pranzo;

Gestioni varie: comprendono i servizi di mensa, di trasporto e per l'abitazione (accesso alle case per dipendenti costruite dalla Olivetti, concessione di prestiti e fidejussioni bancarie, consulenza tecnica e architettonica gratuita).

Alle attività gestite direttamente dall'azienda, si aggiungono anche quelle condotte in modo autonomo dall'Associazione Spille d'Oro, che raggruppa i dipendenti con più di 25 anni di anzianità aziendale, e dal Gruppo sportivo ricreativo Olivetti (costituito nel 1947), associazioni ancora oggi attive nella città di Ivrea.

Bibliografia essenziale

Dieci anni dopo 1945-1955. Saggi sulla vita democratica italiana, Laterza, Bari 1955.
G. Mammarella, *L'Italia dopo il fascismo 1943-1953*, Il Mulino, Bologna 1974.
J. Stuart Woolf (a cura di), *Italia 1943-1950. La Ricostruzione*, Laterza, Bari 1974.
G. Amendola, *Intervista sull'antifascismo*, Laterza, Bari 1976.
P. Saraceno, *Saraceno. Intervista sulla ricostruzione 1943-1953*, a cura di L. Villari, Laterza, Roma-Bari 1977.
B. Amoroso - J.O. Olsen, *Lo Stato imprenditore*, Laterza, Roma-Bari 1978.
P. Barucci, *Ricostruzione, pianificazione, Mezzogiorno. La politica economica in Italia dal 1943 al 1955*, Il Mulino, Bologna 1978.
G. Petrilli, *Il pianeta IRI. Intervista di Severino Sterpi*, Vita e Pensiero, Milano 1978.
M. Colitti, *Energia e sviluppo in Italia: la vicenda di Enrico Mattei*, De Donato, Bari 1979.
P. Crespi, *Capitale operaia. Storie di vita raccolte tra le fabbriche di Sesto San Giovanni*, Jaca Book, Milano 1979.
G. Berta, *Le idee al potere: Adriano Olivetti tra la fabbrica e la comunità*, Edizioni Comunità, Milano 1980.

G. Gualerni, *Storia dell'industria italiana*, vol. II, *Ricostruzione ed industria. Per una interpretazione della politica industriale nel secondo dopoguerra 1943- 1951*, Vita e Pensiero, Milano 1980.
G. Maione, *Tecnocrati e mercanti. L'industria italiana tra dirigismo e concorrenza internazionale 1945-1950*, Sugarco, Milano 1986.
T. Fanfani, *Scelte politiche e fatti economici in Italia nel quarantennio repubblicano*, Giappichelli, Torino 1987.
V. Zamagni, *Dalla periferia al centro. La seconda rinascita economica dell'Italia (1861-1990)*, Il Mulino, Bologna 1990.
G. Mori, *L'economia italiana tra la fine della seconda guerra mondiale e il «secondo miracolo economico» (1945-1958)*, in *Storia dell'Italia repubblicana*, vol. I, *La costruzione della democrazia*, Einaudi, Torino 1994.
L'Italia della Ricostruzione, SIPI, Roma 1994.
A. Cova - P. Galea - A. Leonardi, *Il novecento economico italiano. Dalla grande guerra al «miracolo economico»*, Monduzzi, Bologna 1997.
G. Sabbatucci - V. Vidotto (a cura di), *Storia d'Italia*, vol. V, *La Repubblica 1943- 1963*, Laterza, Roma-Bari 1997.
G. Sapelli, *Storia economica dell'Italia contemporanea*, Bruno Mondadori, Milano 1997.
F. Galimberti - L. Paolazzi, *Il volo del calabrone. Breve storia dell'economia italiana nel Novecento,* Le Monnier, Firenze 1998.
F. Amatori - A. Colli, *Impresa ed industria in Italia. Dall'Unità ad oggi,* Marsilio, Venezia 1999.
C. Spagnolo, *La stabilizzazione incompiuta. Il Piano Marshall in Italia (1947- 1952)*, Carocci, Roma 2001.
P. Cafaro, *La solidarietà efficiente. Storia e prospettive del Credito Cooperativo in Italia (1883-2000)*, Laterza, Roma 2002.
R. Petri, *Storia economica d'Italia. Dalla Grande Guerra al miracolo economico*, Il Mulino, Bologna 2002.
G. Spartà, *Mister Ignis. Giovanni Borghi nell'Italia del miracolo*, Mondadori, Milano 2002.
P. Ciocca - G. Toniolo (a cura di), *Storia economica d'Italia, vol.* III, *Industrie, mercati, istituzioni*; vol. II, *I vincoli e le opportunità*, Banca Intesa - Laterza, Milano 2003.
G. Fiocco, *L'Italia prima del miracolo economico. L'inchiesta parlamentare sulla miseria: 1951-1954*, Lacaita, Manduria 2004.
F. Novara - R. Rozzi - F. Garruccio, *Uomini e lavoro alla Olivetti*, Bruno Mondadori, Milano 2005.
M.A. Romani (a cura di), *La banca dei milanesi. Storia della Banca Popolare di Milano*, Laterza, Roma 2005.
A. Cardini, *Il miracolo economico italiano (1958- 1963)*, Il Mulino, Bologna 2006.
A. Sangiovanni, *Tute blu. La parabola operaia nell'Italia repubblicana*, Donzelli, Roma 2006.
Il secolo di Mattei. 1906- 2006. Cento anni dalla nascita di Enrico Mattei, ENI, Roma 2006.
P. Ciocca, *Ricchi per sempre?*, Bollati Boringhieri, Torino 2007.
P. Battilani - F. Fauri, *Mezzo secolo di economia italiana 1945- 2008*, Il Mulino, Bologna 2008.
A. Cova (a cura di), *Il dilemma dell'integrazione. L'inserimento dell'economia italiana nel sistema occidentale (1945- 1957)*, Angeli, Milano 2008.
B. Eichengreen, *La nascita dell'economia europea. Dalla svolta del 1945 alla sfida dell'innovazione,* Il saggiatore, Milano 2009.
D. Pozzi, *Dai gatti selvaggi al cane a sei zampe. Tecnologia, conoscenza ed organizzazione nell'AGIP e nell'ENI di Enrico Mattei*, Marsilio, Venezia 2009.
V. Castronovo, *L'Italia del miracolo economico*, Laterza, Roma-Bari 2010.

CONCLUSIONE
Le forze che cambiano la storia sono le stesse che cambiano il cuore dell'uomo

I. DAL '68 AL CALO DEL DESIDERIO

L'Italia va in crisi

Tra gli anni del boom economico e il momento presente, il panorama nel nostro Paese è radicalmente cambiato. Allora si andava a gonfie vele, ora si è in una delle crisi sociali, economiche e politiche più gravi degli ultimi 150 anni. È innanzitutto il panorama mondiale a essere cambiato. Siamo nell'era della globalizzazione e, mentre l'Italia era un Paese grande in un mondo piccolo, ora è un Paese piccolo in un mondo grande, in cui i lavoratori degli Stati emergenti cercano di strappare pezzi di mercato e di sviluppo ai lavoratori del «primo mondo». Anche per questo è sempre più difficile incrementare il PIL nazionale, perché la concorrenza di chi vuole finalmente uscire da uno stato di povertà secolare è sempre più incalzante.

A livello politico, la divisione nei due blocchi comunista e capitalista, seppure in una situazione di guerra fredda, di rischio di privazioni delle libertà personali, di escalation nella corsa agli armamenti, assicurava all'Italia un continuo e forte sostegno economico per la sua partecipazione all'Alleanza atlantica. Oggi, invece, l'interesse degli Stati Uniti sembra in prima istanza orientato ai Paesi asiatici.

Anche l'Europa, in fase di forte decollo economico e politico fino agli anni Novanta, sembra essere oggi in grave crisi a causa di una scarsa coesione politica e del mancato decollo di un'economia unica a sostegno dell'unione monetaria. I Paesi della sponda sud del Mediterraneo, tradizionali alleati di una politica unitaria mediterranea, sono oggi in una situazione di instabilità a causa di un difficile e non scontato tentativo di transizione verso la democrazia – di cui l'Europa sembra dimenticarsi – e sotto la continua minaccia del terrorismo che dopo l'attentato dell'11 settembre 2001 è diventato minaccia mondiale.

Se il contesto internazionale è radicalmente cambiato, negli ultimi 50 anni circa, la vita interna al nostro Paese si è profondamente deteriorata. Sono quasi otto milioni i poveri in Italia, in una divisione tra ceti abbienti e meno abbienti sempre più marcata e un Sud che non si è mai sviluppato. Una economia divisa tra chi riesce a competere nel nuovo mondo e una parte dell'imprenditoria che boccheggia o muore; un mercato del lavoro altrettanto diviso tra chi non cerca più solo il posto, ma riesce a costruire un percorso professionale dinamico e chi, espulso dal mondo del lavoro a 40-50 anni, non riesce più a rientrare. Il risparmio privato continua a essere un punto forte, ma ha iniziato a essere intaccato per necessità primarie e deve confrontarsi con un debito pubblico tra i più grandi del mondo gestito da uno Stato divenuto sempre più invadente, clientelare, demagogicamente visto come unica risposta ai problemi sociali.

Ciò che più preoccupa però è la grave crisi del mondo giovanile sul quale infierisce la generale emergenza educativa che investe il nostro Paese: sono in aumento i ragazzi tra 15 e 29 anni che non lavorano né studiano (2,1milioni, 22% del totale); la disoccupazione giovanile è in costante aumento (29,6% nel primo trimestre 2011); 117mila sono i ragazzi tra i 14 e 17 anni che nel 2010 non avevano terminato gli studi. A questi dati si aggiunge la bassa qualità del sistema dell'istruzione, governato da un regime statalista e burocratico in ogni ordine e grado, la mancanza di libertà di educazione, la proliferazione di sedi universitarie inutili, un sistema universitario bloccato nella competizione e dove non è curata l'eccellenza (master e dottorati). Come se non bastasse, è ancora una volta il mondo giovanile a pagare i costi della crisi in termini di future pensioni e difficoltà nell'accesso al mondo del lavoro, a partire dai giovani insegnanti.

A questa situazione socio-economica fa riscontro una crisi gravissima della politica. Dagli anni Sessanta-Settanta, fino all'ultima parte della Prima Repubblica, i partiti sono diventati sempre più autoreferenziali e prevaricatori nei confronti della società civile e dei corpi intermedi che li hanno generati, portando a un'occupazione dello Stato che è diventata rendita e corruzione a 360°. Una crescente ideologizzazione ha portato prima all'insorgere di movimenti estremisti di destra e di sinistra e poi al terrorismo delle bombe e delle stragi.

Il tentativo dall'alto di sradicare i partiti popolari dalla loro base per seguire modelli di tipo anglosassone, ha via via eroso il rapporto tra le realtà sociali e coloro che dovrebbero rappresentare. Una certa classe politica, una parte della magistratura e gran parte del giornalismo si alimentano con accuse reciproche in una autoreferenzialità insuperabile. In nome del futuro dell'Italia vengono coltivati i sospetti, enfatizzati i vizi, screditati gli avversari e indebolite le istituzioni. Personalismi e ideologie si impongono come criteri ultimi del dibattito pubblico, riducendo tutto a un'alternativa limitata al pro o contro.

Una quota autorevole di magistratura, fin dall'inizio della Seconda Repubblica, invece di assumersi con professionalità ed equilibrio il compito della giustizia, si è spesa nell'impresa di sostituirsi al potere politico, colpendo in modo diseguale e costruendo teoremi fatti di carcerazioni preventive e processi mediatici, smentiti poi in gran parte dagli organi superiori della magistratura stessa.

In questo modo, oltre a rallentare il suo lavoro fondamentale nella giustizia civile e nel contenzioso economico, a cui sono destinati tempi e risorse marginali, sta contribuendo a distruggere il benessere degli italiani, come ebbe a rilevare Luigi Giussani nel 1996: «Una parte esigua di tutto il popolo si erige a maestro illuminato e a giudice di tutti. È il concetto caratteristico di qualsiasi tentativo rivoluzionario. Da questa pretesa deriva la sovrapposizione di una 'classe' a tutto il popolo, l'esasperazione di un particolare che crea nel popolo l'immagine del magistrato come il 'puro' per natura [...]. È la fanatizzazione di un particolare, per cui facilmente si trascurano le leggi che il progresso della civiltà ha pensato proprio per salvare l'azione di questo particolare in rapporto all'utilità del tutto. Ma l'esaltazione di un particolare fa dimenticare le regole: si annullano diritti della persona e quasi ogni sentimento di pietà, assicurando un'idolatria agli attori in scena»[1].

I quasi vent'anni di Seconda Repubblica e un bipolarismo imposto dall'alto con la pretesa che un uomo solo al comando o un ritorno allo statalismo guidato da intellettuali *a la page* potesse mettere a posto le cose, hanno solo aggravato il problema: il potere politico e quello giudiziario si dimostrano sempre più lontani dalla società, sempre più assenti e ingiusti.

Ciò che è venuto meno è il riferimento alle matrici ideali pluraliste su cui si è originata e dipanata la nostra storia. Il mondo cattolico ha perso sempre di più la sua identità come fede vissuta personalmente e come fiducia nei corpi intermedi per identificare in modo messianico il futuro nella politica, prima quella del partito cattolico e poi quella di uno dei due schieramenti in campo nella Seconda Repubblica.

«Nel 1953, sul primo numero di *Terza Generazione*, l'ex dossettiano Gianni Baget Bozzo firmerà un'eloquente autocritica: 'Abbiamo ridotto

[1] «Preghiamo per l'Italia in pericolo», intervista, in *La Stampa*, 4 gennaio 1996.

le istanze delle masse a bisogno di cibo, di alloggio, di vestiario, di divertimento: abbiamo largamente accettato in pratica le ideologie positiviste del riformismo anglosassone; abbiamo considerato il comunismo come uno 'scisma' che sarebbe stato riassorbito se lo Stato avesse compiuto una politica di 'audaci riforme sociali'. Di conseguenza non abbiamo visto altra azione possibile che quella dell'efficiente amministrazione statale e quindi nessun altro possibile attivo nostro intervento sociale se non quello offerto dalla politica [...] attraverso un allacciamento arbitrario e pericoloso fra testimonianza cristiana e azione politica e statale'»[2].

«La riduzione del cattolicesimo alla grande religione dei valori, la riduzione della carità a filantropia, la sostituzione del dogma con un vago umanitarismo, 'trasforma la Chiesa' come dichiarava lo storico Gianni Vannoni 'in una massoneria per il popolo'»[3].

Fa da contraltare alla perdita di identità del mondo cattolico la progressiva perdita di radici popolari del mondo della sinistra che, secondo la grande profezia di Augusto Del Noce, si trasforma da sinistra di popolo a sinistra radical-chic, non più garantista ma giustizialista, senza un pensiero e un'identità riformisti definiti, come è avvenuto in altri Paesi. Si determina così la convergenza tra un socialismo figlio dell'Illuminismo radicale e dei suoi esiti relativisti e nichilisti e un «cattolicesimo adulto» che, privo di contenuto e di riferimento oggettivi, si limita a giustificare moralmente i contenuti posti da un nuovo radical-marxismo.

Di queste crisi dell'identità cattolica e socialista, approfitta un pensiero al servizio di poteri economici che vogliono sradicare le radici popolari del mondo sociale, economico e politico italiano – l'anomalia italiana – per affermare una società senza identità, più funzionale agli interessi economico-finanziari di una parte.

«Nel '65 'uno dei signori dell'industria' (di Torino), sotto pseudonimo, rilasciava a Elémire Zolla una memorabile intervista (poi pubblicata sul *Corriere della Sera* del 27.1.1975). 'È il disegno di una *Macchina sociale* – dice il nostro – in cui le opposizioni finiscono per armonizzarsi [...]. Perché questa Macchina sociale funzioni, occorre li-

[2] Cit. in A. Socci - R. Fontolan, *Tredici anni della nostra storia : 1974 1987*, Edit, Milano 1988, p. 16.
[3] *Ibid.*, p. 28.

berare la società da certi pregiudizi che producono uno speciale attrito [...]. La Macchina sociale sarà ultimata soltanto quando avremo eliminato tutto ciò che non ne fa parte e perciò la ostacola [...]. Si creerà una nuova morale, che colpirà come unico peccato l'estraneità al lavoro [...]. Tutti saranno sottoposti a un processo di adattamento reciproco che eliminerà ogni traccia di egoismo, in uno psicodramma permanente [...]. Il sistema sarà tutto in tutti. Anarchico e pianificato'. Non è Orwell, né Huxley. Storicamente è l'ideologia della Grande Industria piemontese, che ha colonizzato l'Italia»[4].

«La cultura e i giornali liberal hanno sempre trattato i partiti italiani come un coacervo di interessi di bottega, piccole clientele, capicosca preoccupati solo di «maneggiare» e incapaci di una visione moderna, che pensi al bene della Nazione per «portare l'Italia in Europa». Solo gli illuminati (tecnocrazia e Grande industria) avrebbero invece a cuore i destini del Paese.

Il progetto liberal punta alla sparizione di tutte le culture, i gruppi sociali, culturali, i soggetti umani (nichilismo) per affermare la sola ideologia della produzione/consumo (la Macchina sociale). Per questo è destinato ad avere una tentazione golpista.

Nello Stato – mentre si elimina il retroterra sociale dei partiti, ridotti così a meri gruppi di opinione – si vuole una progressiva bipolarizzazione (anche con misure di riforma istituzionale) per ridurre la dialettica fra diversi partiti e diversi interessi al binomio innovazione-conservazione, funzionale al potere economico esistente»[5].

«Il 'Potere' compie la grande omologazione: le radici più autentiche della tradizione cattolica, così come quella sinceramente socialista e liberale, effettivi presupposti della democrazia italiana, vengono ripudiate. Si consuma così quello che Pasolini definisce il 'genocidio culturale' degli italiani: 'Il potere ha assimilato in sé l'intero Paese che era così ricco di cultura originaria. I modelli reali sono rinnegati, l'abiuro è compiuto. Si può dunque affermare che la tolleranza dell'ideologia edonista voluta dal nuovo potere è la peggiore delle repressioni della storia umana. Il potere ha deciso che noi siamo tutti uguali; il fascismo – voglio ripeterlo – non è stato sostanzialmente in grado nemmeno di scalfire l'anima del popolo italiano. Il nuovo fascismo, attraverso i mezzi di comunicazione e di infor-

---

[4] *Ibid.* p. 58.
[5] *Ibid.*

mazione, non solo l'ha scalfita ma l'ha lacerata, violata, bruttata per sempre»[6].

Nel clima culturale e istituzionale sin qui descritto si consuma più o meno lentamente il declino dell'assetto che, nonostante tutto, aveva retto negli anni precedenti: alla fine degli anni Ottanta la legittimazione è ormai degradata a mera legalità.

Luigi Giussani in un'intervista al *Corriere della Sera* del 18 ottobre 1992 così descrive la situazione: «[...] l'Italia mi sembra un sommovimento terrestre, un terremoto. Dove chi spinge di più riesce a buttare via più pietre che gli ingombrano il terreno. È una situazione civile dove non c'è un ideale adeguato, dove non c'è nulla che ecceda l'aspetto utilitaristico. Un utilitarismo perseguito senza alcun punto di fuga ideale. Il timore è che si scatenino conflitti senza fine»[7].

[6] Pierpaolo Pasolini, *Scritti corsari*, Garzanti, Milano 1995: «Negli anni cinquanta l'egemonia culturale era del PCI, che la gestiva in un ambito realmente antifascista e in un sincero, anche se alquanto retorico, rispetto per il sistema dei valori della Resistenza. Poi, l'avvento della nuova forma del Potere reale ha creato una nuova egemonia culturale borghese». Il PCI, infatti, una volta assodato che la conquista del potere non era possibile attraverso la via rivoluzionaria si orientò verso una via legalitaria (il valore della Costituzione e la sua attuazione, il rigore nell'azione di governo), per la quale uno gli elementi portanti era rappresentato dal patrimonio di ideologie e di valori dell'azionismo (v. sopra), pp. 25, 60.

[7] Giorgio Lombardi e Luca Antonini, «La difficile democrazia. La speranza della sussidiarietà», in *Un io per lo sviluppo*, BUR, Milano 2004.

II. 150 ANNI DI SUSSIDIARIETÀ

Se l'attuale crisi ha a che fare con la perdita di identità delle nostre radici popolari, rileggere la storia non è solo un tuffo nostalgico nel passato, ma la possibilità di riscoprire i caratteri della nostra cultura e civiltà che costituiscono i tratti personali e sociali del nostro presente. È lo scopo che ci si è posti ricostruendo i 150 anni della storia d'Italia, guardati attraverso il filtro di quella che si può chiamare l'«anomalia sussidiaria italiana». È proprio qui, più che nelle innumerevoli ragioni, anche giuste, che ne conseguono, che si può trovare la forza e l'ispirazione per una ripresa.

1. *La capacità di cambiamento*

La necessità di dare una svolta, di rimettere in moto il motore ideale, sociale, economico del nostro Paese sembra spaventarci, suscitando chiusura, moralismo, impeti volontaristici. Eppure, come documentato finora, nel DNA italiano è presente un patrimonio fatto di capacità di iniziativa, personale e comunitaria, che ha permesso, lungo la storia, di vivere come opportunità positiva ogni fase di cambiamento.

È la storia, anche di questi ultimi centocinquant'anni, a dimostrarcelo.

Nel 1880, nemmeno vent'anni dopo l'unificazione politica, con una «questione romana» ancora aperta, oltre a problemi politici e sociali gravissimi, gli agricoltori italiani dovettero affrontare le malattie della vite e dell'ulivo. La produzione agricola crollò letteralmente e per gran parte del popolo italiano si presentò lo spettro della povertà e della fame. Questa situazione, nel giro di quarant'anni, tra il 1880 e il 1920, indusse quasi 20 milioni di italiani a emigrare. L'Italia impoverita reagì emigrando.

Questa emigrazione permise una prima ricostruzione. Gli emigranti si ricostruirono una vita all'estero e inviarono le «rimesse», cioè denaro in valuta pregiata, alle famiglie rimaste al Paese d'origine, contribuendo a un riequilibrio della bilancia dei pagamenti. E con le rimesse degli emigranti anche le famiglie italiane povere migliorarono le loro condizioni economiche e sociali.

Un altro importante cambiamento era stato determinato, nella seconda metà dell'Ottocento, pochi anni dopo l'unificazione, dalla nascita del movimento cattolico e del movimento operaio, con lo scopo di tutelare, moralmente e materialmente, gli operai e i contadini venendo incontro ai loro bisogni.

L'Italia reagì con una grande mobilitazione popolare, creando una ricca *welfare society* che ha preceduto il *welfare state*, opere mutualistiche e assistenziali, e addirittura un sistema bancario che fu fondamentale nel sostenere l'operosità economica. Un ulteriore cambiamento fu poi rappresentato dalla nascita dei partiti popolari.

Lo sforzo sostenuto dagli italiani nella ricostruzione del secondo dopoguerra e il successivo miracolo economico, che nessuna teoria macroeconomia e nessuno schema dottrinario poteva prevedere, rappresentarono altri decisivi momenti di grande cambiamento.

L'Italia era distrutta materialmente, economicamente e politicamente. La situazione era peggiore di quella del primo dopoguerra, quando il nostro Paese era uscito vincitore. Eppure, si riuscì a dotare di una Costituzione che fu un grande compromesso tra le forze ideali che in quel momento si contrapponevano: i diritti fondamentali dell'uomo venivano riconosciuti, il valore della singola persona era affermato prima e a fondamento dello Stato, si garantiva una impalcatura liberale alla struttura economica che sostenne la laboriosa libertà d'intrapresa.

L'Italia distrutta si riscatta ed è capace, nel giro di poco tempo, di dare vita a un imprevedibile e prodigioso sviluppo, quello che passerà alla storia come il boom economico italiano, reso possibile per la solida collaborazione tra classe dirigente, grande impresa pubblica e privata, sindacati, lavoratori, e soprattutto grazie al suo diffuso sistema di piccole e medie imprese che mostrano una incredibile dinamicità, capacità di adattarsi a diverse situazioni e di cambiare. I prodotti italiani che nascono in quell'epoca, e che diventano il simbolo dello sviluppo economico italiano (la Vespa, la Cinquecento, i frigoriferi), sono il frutto di una capacità creativa diffusa.

Le diverse posizioni culturali erano riuscite a fondersi, a diventare, prima ancora che esperienze partitiche, esperienze popolari vissute, capaci di generare risposte umane e sociali significative: strutture sociali, imprese, banche. È così è stato possibile ricostruire il Paese con la più grande diffusione di attività imprenditoriali e sociali del mondo.

L'Italia, per questa sua grande capacità di cambiamento, riesce a mettere le basi per entrare, a metà degli anni Settanta, nel G7, cioè nel gruppo dei Paesi più industrializzati del mondo.

A cosa si deve questa grande capacità di cambiamento?

2. *Conoscenza per avvenimento*

L'Italia ha sempre mostrato un'attitudine molto originale al cambiamento, ultimamente frutto della cultura cristiana – divenuta appannaggio anche delle culture laica, socialista e liberale – per cui la realtà è ultimamente positiva e ogni persona è dotata di un valore infinito e di desideri irriducibili.

Questo ha generato un modo di conoscere come incontro tra un soggetto, che non rinuncia a giocare i desideri di verità, giustizia, bellezza di cui è costituito, e una realtà concepita come dato, rispettata nella sua integralità e non ridotta ai propri schemi.

a. *Persona e desiderio.* Come documenta Luigi Giussani ne *Il senso religioso*, il desiderio è la struttura profonda e irriducibile dell'uomo; è nella persona umana, ma è più grande di essa, e trae origine dal rapporto con l'Infinito che l'ha creata.

Il rapporto Censis 2010 considera la mancanza di desiderio, in quanto virtù civile, come il principale fattore dell'odierna fase di crisi, non solo economica, ma ideale, del nostro Paese.

Giussani mise alla base di qualunque sviluppo sociale ed economico il desiderio umano che i corpi intermedi devono salvaguardare e la politica servire: «Il desiderio è come la scintilla con cui si accende il motore. Tutte le mosse umane nascono da questo fenomeno, da questo dinamismo costitutivo dell'uomo. Il desiderio accende il motore dell'uomo. E allora si mette a cercare il pane e l'acqua, si mette a cercare il lavoro, a cercare la donna, si mette a cercare una poltrona più comoda e un alloggio più decente, si interessa a come mai taluni hanno e altri non hanno, si interessa a come mai certi sono trattati in un modo e lui no proprio in forza dell'ingrandirsi, del dilatarsi, del maturarsi di questi stimoli che ha dentro e che la Bibbia chiama globalmente 'cuore'»[8].

Il cuore ci dice che siamo fatti per cose grandi e ci permette di non es-

[8] In L. Giussani, *L'io, il potere, le opere*, Marietti, Genova 2000, p. 173.

sere schiavi delle circostanze. E anche quando una circostanza è negativa, il desiderio rinasce come impeto operoso, positivo.

b. *Il realismo*. La realtà è concepita come dato e considerata nella sua integralità. Conoscere in modo realistico implica guardare la realtà il più possibile per ciò che è, immedesimarsi nel bisogno di chi la utilizza. Questo scatena l'immaginazione e la voglia di cambiare. L'innovazione nasce da questo modo di conoscere.

Anche il vasto e differenziato sistema di *welfare* nasce dal realismo e dal valore dato al desiderio che ha aiutato molti a immedesimarsi nel bisogno incontrato. Come don Bosco che, con la creazione delle scuole professionali, offrì una risposta ai ragazzi disadattati; o come don Gnocchi, che non si fermò di fronte al dolore dei «mutilatini», ma creò un'opera per loro.

Questo modo diverso di conoscere è ciò che ha determinato la capacità di cambiare.

3. *L'anomalia sussidiaria: movimenti ed educazione*

Ripercorrendo la storia italiana degli ultimi centocinquant'anni, si rileva l'esistenza di «una anomalia sussidiaria italiana», cioè l'esistenza di un ricco panorama di risposte ai bisogni sociali costruite «dal basso», dalle persone e dai corpi intermedi, che hanno preceduto il formarsi dello Stato. «Sussidiari» perché, secondo il principio di sussidiarietà, queste forme di risposta nascono più vicino a dove sorgono i bisogni, per questo devono essere riconosciute e sostenute.

È questa la ragione per cui le opere descritte in questa mostra sono espressione di esperienze popolari, movimenti e corpi intermedi che, oltre ad aver offerto risposte a bisogni sociali ed economici, hanno educato milioni di persone all'irriducibilità del loro desiderio, spesso a onta di potenti e intellettuali che in ogni epoca hanno cercato di ridurlo.

La mentalità dominante tende a ridurre sistematicamente il desiderio profondo e originario degli uomini, sostituendolo con tanti piccoli «desideri» che possono essere manipolati e governati dal potere, creando smarrimento nei giovani e cinismo negli adulti.

Per questa ragione è importante che le realtà sociali e i movimenti, in una concezione sussidiaria della società, difendano il cuore delle persone aiutandole a crescere, ed educandole a prendere consapevolezza di sé e della realtà.

«È nel primato della società di fronte allo Stato che si salva la cultura della responsabilità. Primato della società allora: come tessuto creato da rapporti dinamici tra movimenti che, realizzzando opere e aggregazioni, costituiscono comunità intermedie e quindi esprimono la libertà delle persone potenziata dalla forma associativa»[9].

Oggi però prevale un'idea di uomo che si muove determinato da pulsioni egoistiche che lo Stato deve controllare. Così, molti hanno perso quel realismo capace di cambiamento e l'hanno trasformato in lamento, comodo, giustizialismo, utopia, delega al potente di turno, non assunzione della propria responsabilità, resistenza al cambiamento, distacco dai propri ideali.

Per questo, la prima emergenza è l'educazione, cioè la presa di coscienza di sé, della propria storia, degli strumenti che permettono di crescere.

Se il lavoro e l'impegno pubblico non diventano espressione di questo desiderio educato, si rimarrà soggiogati dalle condizioni politiche e sociali e non si sarà mai in grado di modificarle. Se il popolo non dimentica se stesso e recupera la fiducia nel bene che ognuno è, nella sua unicità, allora si può uscire dalla gabbia dei dibattiti – apparentemente variegati, ma sostanzialmente omologati – per tornare a guardare a quei luoghi dove qualcosa di nuovo si palesa: le tante esperienze di positività intorno a noi, che testimoniano come la maggiore fedeltà a se stessi è quella di non tradire il proprio desiderio di costruire, sempre e in qualunque situazione.

Emblematico, in questo senso, è il percorso che il popolo cristiano è chiamato a fare, secondo quanto ha sintetizzato don Giussani in un suo intervento a proposito del '68:

«Le forze che muovono la storia sono le stesse che rendono felice l'uomo. La forza che fa la storia è un uomo che ha posto la sua dimora tra di noi, Cristo. La riscoperta di questo impedisce la nostra distrazione come uomini, il riconoscimento di questo introduce la nostra

[9] In L. Giussani, *L'io, il potere, le opere*, cit.

vita all'accento della felicità, sia pure intimidita e piena di una reticenza inevitabile. È nell'approfondimento di queste cose che uno incomincia a toccarsi alla mattina le spalle e sentire il proprio corpo più consistente e a guardarsi nello specchio e sentire il proprio volto più consistente, sentire il proprio io più consistente e il proprio cammino tra la gente più consistente, non dipendente dagli sguardi altrui, ma libero, non dipendente dalle reazioni altrui, ma libero, non vittima della logica di potere altrui, ma libero»[10].

[10] Luigi Giussani, testo inedito, Milano, 8 novembre 1983.

Hanno collaborato alla stesura dei testi del libro

Massimiliano Ameduri, Anna Amman, Giuseppe Andreolli, Andrea Azzarelli, Francesco Babbi, Elisa Barbone, Daniele Bardelli, Miriam Bassi, Riccardo Bertelesi, Claudio Besana, Lucia Bitetti, Pietro Bongiolatti, Chiara Bonvini, Eleonora Bonizzato, Gabriele Borsotti, Simone Brusa, Federica Bulla, Marta Busani, Marta Carboni, Andrea Castiglioni, Giorgio Cataldo, Giorgio Cattaneo, Anna Cavallo, Alberto Coghi, Giorgio Corbetta, Caterina Cova, Martina Davico, Francesco De Carlo, Federico De Pasquale, Massimiliano Del Gobbo, Davide Doronzo, Angela Dulcetti, Irene Elisei, Roberta Farci, Sara Farè, Enrico Figini, Giacomo Fornasieri, Giuseppe Franceschini, Andrea Fumagalli, Roberta Ghiringhelli, Giovanni Giardina, Michele Grassi, Chiara Langè, Maria Lasi, Michela Laspisa, Beatrice Lepori, Andrea Locatelli, Vincenzo Lorubbio, Antonella Luppoli, Letizia Maggioni, Chiara Marinucci, Carlo Masieri, Cecilia Mauri, Federica Maveri, Maria Chiara Mazzotta, Emanuele Michela, Mario Francesco Milia, Fabio Miozzari, Andrea Oggioni, Federico Panisi, Luca Panzarella, Anna Paolini, Mattia Papa, Monica Parolini, Caterina Pasolini, Alessia Pecora, Edoardo Pelganta, Chiara Perelli Cippo, Stefano Pernunian, Marco Piccoli, Giacomo Pippione, Marco Ponselè, Silvia Porcellini, Federica Puglisi, Carolina Puppo, Monica Raimondi, Elisa Ramaioli, Giacomo Rampinelli, Giacomo Recalcati, Matteo Rigamonti, Edoardo Rossi, Sebastiano Rota, Maddalena Saccaggi, Cristina Salvi, Nicolas Sangalli, Allison Santini, Mattia Savoia, Francesco Seghezzi, Mattia Sogaro, Salvatore Taormina, Chiara Ubiali, Emiliana Ymeraij, Paolo Valvo, Elena Vanelli, Matteo Vescovi, Chiara Vignali, Chiara Villa, Riccardo Villa, Anna Vincenzi, Emanuela Zapparoli.

Indice